L'Équilibre Retrouvé : Vaincre l'Anxiété par l'Alimentation

RICHARD MULLER

Sommaire

Introduction : Comprendre l'anxiété 3

Chapitre 1 : Les fondements de l'anxiété 6

Chapitre 2 : Alimentation et santé mentale....................12

Chapitre 3 : Les macronutriments et l'anxiété.............18

Chapitre 4 : Les micronutriments essentiels...................24

Chapitre 5 : L'importance du microbiote intestinal........31

Chapitre 6 : Aliments à privilégier 37

Chapitre 7 : Aliments à éviter....................................43

Chapitre 8 : Hydratation et santé mentale......................50

Chapitre 9 : Planifier ses repas pour l'équilibre mental ..56

Chapitre 10 : Le Jeûne Intermittent et l'Anxiété 63

Chapitre 11 : La Relation entre le Sucre et l'Anxiété......70

Chapitre 12 : Caféine, Alcool, et Anxiété........................77

Chapitre 13 : Suppléments Alimentaires et Anxiété........84

Chapitre 14 : Introduction à la Cuisine Anti-Anxiété......91

Chapitre 15 : Manger en Pleine Conscience....................97

Chapitre 16 : Gérer les Envies et les Fringales..............102

Chapitre 17 : Sommeil et Alimentation 109

Chapitre 18 : Activité Physique et Anxiété 118

Chapitre 19 : Techniques de Relaxation.......................126

Chapitre 20 : Journal Alimentaire et Émotionnel 133

Chapitre 21 : Cas Pratiques de Gestion de l'Anxiété 142

Chapitre 22 : Faire Face aux Rechutes 148

Chapitre 23 : La Famille et l'Alimentation...................156

Chapitre 24 : Alimentation et Anxiété chez les Enfants 167

Chapitre 25 : Les Défis de l'Alimentation Moderne 176

Chapitre 26 : La Durabilité dans l'Alimentation 185

Chapitre 27 : Les Nouvelles Technologies...................193

Chapitre 28 : Vers une culture alimentaire 200

Chapitre 29 : Conclusion : L'équilibre retrouvé...........207

Introduction : Comprendre l'anxiété

Nous vivons à une époque de contradictions fascinantes : l'accès à l'information n'a jamais été aussi facile, les progrès technologiques nous promettent un avenir de possibilités infinies, et pourtant, l'anxiété et le mal-être mental atteignent des sommets sans précédent dans de nombreuses sociétés à travers le monde.

Cette introduction vise à dévoiler les contours de l'anxiété dans notre monde moderne, à comprendre ses racines profondes et à esquisser le chemin vers une gestion plus saine de cette condition omniprésente.

L'Épidémie Silencieuse

L'anxiété, souvent qualifiée de mal du siècle, s'est infiltrée dans les interstices de notre quotidien, se manifestant sous de multiples formes et intensités. Elle ne discrimine pas, touchant les jeunes comme les moins jeunes, les riches comme les pauvres, les éduqués comme les moins instruits.

Cette universalité de l'anxiété dans le monde moderne soulève des questions profondes sur les facteurs contributifs communs qui transcendent les frontières géographiques et socio-économiques.

La Technologie et l'Hyperconnexion

L'une des caractéristiques les plus marquantes de notre époque est l'omniprésence de la technologie dans notre vie quotidienne. La promesse initiale de la technologie était de nous libérer du temps et de nous connecter les uns aux autres de manière significative.

Cependant, pour beaucoup, la réalité s'est traduite par une hyperconnexion constante et une incapacité à se déconnecter, engendrant un sentiment d'isolement paradoxal au milieu d'un monde hyperconnecté.

La Pression Sociétale et le Culte de la Performance

Notre monde moderne valorise la réussite individuelle, souvent mesurée en termes de réussite professionnelle, de statut social ou de possessions matérielles.

Cette pression constante pour performer et répondre aux attentes, réelles ou imaginées, de la société, de la famille ou de soi-même, crée un terreau fertile pour l'anxiété.

L'échec, réel ou perçu, devient une source de stress et d'anxiété intense pour de nombreuses personnes.

Vers une Solution : La Promesse de l'Alimentation

Face à l'augmentation de l'anxiété dans le monde moderne, il devient impératif de trouver des solutions durables et accessibles. L'une des avenues les plus prometteuses réside dans notre alimentation.

La science commence à peine à dévoiler les liens profonds entre notre alimentation, notre microbiome intestinal et notre santé mentale.

Ce livre, "L'Équilibre Retrouvé : Vaincre l'Anxiété par l'Alimentation", propose de redécouvrir comment les choix alimentaires peuvent devenir un puissant allié dans la gestion de l'anxiété et le chemin vers un bien-être mental durable.

En adoptant une approche holistique et en reconnaissant le rôle central de l'alimentation dans notre santé mentale, ce guide aspire à fournir des connaissances, des stratégies et des outils pratiques pour aider les individus à naviguer dans le paysage complexe de l'anxiété moderne.

À travers les pages qui suivent, nous explorerons ensemble comment, en modifiant notre rapport à l'alimentation, nous pouvons retrouver l'équilibre, réduire l'anxiété et améliorer notre qualité de vie dans le monde moderne.

Chapitre 1 : Les fondements de l'anxiété

L'anxiété est une émotion humaine fondamentale, aussi naturelle et vitale que le bonheur ou la tristesse. Elle joue un rôle crucial dans notre survie, en nous alertant face aux dangers et en nous préparant à y faire face.

Cependant, dans le monde moderne, l'anxiété a souvent cessé d'être un signal utile pour se transformer en un état permanent et écrasant, affectant profondément notre bien-être mental et notre qualité de vie.

Comprendre l'anxiété

L'anxiété se manifeste par une inquiétude excessive, une tension nerveuse ou une peur, qui peut devenir disproportionnée par rapport à la situation réelle. Bien qu'elle puisse être déclenchée par des événements réels, l'anxiété persiste souvent même en l'absence de menace extérieure immédiate, piégeant les individus dans un cycle d'inquiétude constante.

La physiologie de l'anxiété

Sur le plan physiologique, l'anxiété est une réaction du système nerveux central. Face à une menace perçue, notre corps déclenche une série de réactions - souvent appelée réaction de lutte ou de fuite -

préparant notre organisme à affronter ou fuir le danger.

Cette réaction est médiée par des hormones telles que l'adrénaline et le cortisol, qui augmentent la fréquence cardiaque, la pression artérielle, et redirigent le flux sanguin vers les muscles essentiels.

Bien que cette réponse soit vitale en présence de danger réel, une activation constante de ce système en l'absence de menaces extérieures peut mener à une usure du corps et de l'esprit, conduisant à l'anxiété chronique.

Facteurs contribuant à l'anxiété

Plusieurs facteurs contribuent à l'anxiété, incluant la génétique, les expériences de vie, et les conditions environnementales. La recherche a montré que certaines personnes ont une prédisposition génétique à l'anxiété, mais cette prédisposition ne se traduit pas nécessairement par une anxiété manifeste sans l'influence de facteurs environnementaux ou de stress.

Les expériences de vie, telles que le traumatisme ou le stress chronique, jouent également un rôle clé. Ces événements peuvent altérer la façon dont notre cerveau perçoit et répond aux menaces, rendant certaines personnes plus susceptibles de développer des troubles anxieux.

Enfin, notre mode de vie moderne, caractérisé par le stress constant, l'isolement social, et l'exposition aux médias et technologies, contribue également à l'augmentation des taux d'anxiété. La pression pour réussir, les inquiétudes financières, et le manque de soutien social sont autant de facteurs qui peuvent nourrir l'anxiété.

Stratégies de gestion de l'anxiété

La gestion de l'anxiété implique souvent une combinaison de thérapies psychologiques, d'interventions comportementales, et de modifications du mode de vie. La thérapie cognitive-comportementale (TCC), par exemple, est largement reconnue pour son efficacité dans le traitement de l'anxiété.

Elle aide les individus à identifier et à remettre en question leurs pensées et croyances anxiogènes et à changer leurs comportements en réponse à l'anxiété.

En outre, des techniques de relaxation telles que la méditation, la pleine conscience, et les exercices de respiration peuvent aider à réduire les symptômes physiques de l'anxiété.

Ces pratiques favorisent un état de calme et peuvent diminuer l'activation du système nerveux sympathique, responsable de la réaction de lutte ou de fuite.

L'importance de l'alimentation dans la gestion de l'anxiété

De plus en plus de recherches suggèrent que l'alimentation joue un rôle crucial dans la régulation de l'humeur et peut avoir un impact significatif sur l'anxiété.

Certains nutriments et habitudes alimentaires ont été identifiés pour leur potentiel à influencer positivement la santé mentale.

Acides gras Oméga-3 : trouvés dans le poisson gras, les graines de lin, et les noix, ces acides gras essentiels sont vitaux pour le bon fonctionnement du cerveau et peuvent aider à réduire les symptômes de l'anxiété.

Probiotiques et prébiotiques : une flore intestinale saine est essentielle pour notre bien-être mental, étant donné le lien étroit entre le cerveau et l'intestin.

Les aliments riches en probiotiques (comme le yaourt, le kéfir, et les légumes fermentés) et en prébiotiques (comme les fibres alimentaires) peuvent favoriser une microbiote intestinal sain et réduire l'anxiété.

Vitamines et minéraux : certaines carences, notamment en vitamine B et en magnésium, peuvent augmenter les niveaux d'anxiété. Une alimentation équilibrée, riche en fruits, légumes, grains entiers, et protéines maigres, peut aider à maintenir ces niveaux et à améliorer la santé mentale.

Mon expérience personnelle

Ayant moi-même souffert d'anxiété et de mal-être mental, j'ai constaté l'impact profond que des changements alimentaires ciblés peuvent avoir sur le bien-être mental.

En incorporant plus d'aliments riches en oméga-3, en probiotiques, et en vitamines essentielles, et en réduisant ma consommation de sucre et de caféine, j'ai remarqué une diminution significative de mes niveaux d'anxiété.

Ce n'était pas une solution miracle, mais une partie d'une approche globale comprenant la thérapie, l'exercice, et la méditation.

Conclusion

L'anxiété, bien qu'une réaction normale aux stress de la vie, peut devenir envahissante et limiter notre capacité à vivre pleinement.

Comprendre ses fondements, reconnaître les facteurs contributifs, et adopter des stratégies de gestion efficaces, y compris des changements alimentaires, sont essentiels pour retrouver l'équilibre et améliorer notre bien-être mental.

Le chemin vers la réduction de l'anxiété est personnel et multifacette, mais l'alimentation joue un rôle indéniablement puissant dans ce voyage vers la guérison.

Chapitre 2 : Alimentation et santé mentale

Dans un monde où l'anxiété est de plus en plus courante, la science a commencé à se pencher sur des approches innovantes pour la gérer et la traiter. Parmi ces approches, l'alimentation s'est révélée être un facteur significatif dans la santé mentale.

Ce chapitre explore les liens entre l'alimentation et la santé mentale, dévoilant comment ce que nous mangeons peut influencer notre bien-être psychologique.

L'impact de l'alimentation sur le cerveau

Notre cerveau, cet organe complexe et énergivore, consomme environ 20% de l'énergie apportée par notre alimentation. Il est donc logique que la qualité de notre alimentation affecte directement son fonctionnement.

Les nutriments que nous consommons jouent un rôle clé dans la formation des neurotransmetteurs, la réduction de l'inflammation et la protection contre les dommages oxydatifs, tous facteurs influençant notre santé mentale.

Les glucides, par exemple, sont notre principale source d'énergie. Cependant, la qualité des glucides est cruciale. Les aliments à indice glycémique élevé peuvent provoquer des pics de glycémie suivis de chutes, influençant l'humeur et l'énergie. À l'inverse, les glucides complexes, comme ceux trouvés dans les grains entiers, libèrent leur énergie plus lentement, contribuant à une stabilité de l'humeur et de l'énergie.

Les protéines sont essentielles à la formation des neurotransmetteurs, comme la sérotonine, souvent appelée l'hormone du bien-être, car elle contribue à notre bonheur et bien-être. Un apport insuffisant en protéines peut affecter la production de sérotonine, influençant ainsi notre humeur.

Les graisses, en particulier les acides gras oméga-3, jouent un rôle dans la santé du cerveau en réduisant l'inflammation et en favorisant la fluidité des membranes cellulaires, ce qui peut affecter positivement l'humeur et les fonctions cognitives.

La recherche scientifique actuelle

De nombreuses études ont commencé à établir des liens entre l'alimentation et la santé mentale. Par exemple, la recherche a montré que les régimes riches en fruits, légumes, poissons et grains entiers sont associés à un risque réduit de troubles dépressifs et anxieux, tandis que les régimes riches en aliments transformés et en sucre sont associés à une augmentation du risque de ces mêmes troubles.

Une étude pionnière, la SMILES trial, a démontré qu'une intervention diététique peut être efficace dans le traitement de la dépression majeure. Les participants qui ont suivi un régime méditerranéen, riche en légumes, fruits, grains entiers, et huile d'olive, ont montré une amélioration significative de leurs symptômes dépressifs, comparativement au groupe témoin qui a reçu uniquement un soutien social.

Ces résultats suggèrent que, bien que l'alimentation ne soit pas une panacée, elle joue un rôle significatif dans la santé mentale et pourrait être utilisée comme une stratégie complémentaire dans le traitement de l'anxiété et de la dépression.

Comment les nutriments affectent le cerveau

L'influence de l'alimentation sur la santé mentale peut s'expliquer par plusieurs mécanismes biochimiques. Les nutriments affectent le fonctionnement du cerveau à travers leur rôle dans la neurogenèse, la synthèse des neurotransmetteurs, et la modulation de l'inflammation et du stress oxydatif.

Neurogenèse et neuroplasticité : Certains nutriments, comme les oméga-3, jouent un rôle dans le maintien et la promotion de la neurogenèse, c'est-à-dire la capacité du cerveau à former de nouveaux neurones. Ils contribuent également à la neuroplasticité, qui est la capacité du cerveau à se restructurer en réponse à l'apprentissage et à l'expérience. Une alimentation riche en ces nutriments peut donc soutenir un cerveau plus adaptable et résilient face au stress.

Synthèse des neurotransmetteurs : Les protéines fournissent des acides aminés essentiels comme le tryptophane, précurseur de la sérotonine. Les vitamines du groupe B jouent un rôle crucial dans la synthèse des neurotransmetteurs comme la dopamine et la sérotonine, qui régulent l'humeur et l'anxiété. Une carence en ces nutriments peut mener à un déséquilibre dans la production des neurotransmetteurs, affectant l'humeur et la susceptibilité à l'anxiété.

Inflammation et stress oxydatif : L'inflammation chronique et le stress oxydatif sont liés à un risque accru de développement de troubles de l'humeur, y compris l'anxiété. Une alimentation riche en antioxydants (fruits, légumes, noix) et en anti-inflammatoires naturels (comme les acides gras oméga-3) peut aider à réduire ces risques, en protégeant les cellules cérébrales des dommages et en soutenant un environnement cérébral sain.

Stratégies alimentaires pour soutenir la santé mentale

Pour tirer parti de l'impact de l'alimentation sur la santé mentale, il est conseillé d'adopter une approche équilibrée et intégrée, centrée sur des aliments entiers et riches en nutriments. Voici quelques stratégies spécifiques :

Adopter un régime méditerranéen : Comme mentionné précédemment, le régime méditerranéen a été associé à des effets bénéfiques sur la santé mentale. Riche en légumes, fruits, grains entiers, poissons, huile d'olive, et faible en viande rouge et en aliments transformés, ce régime favorise un équilibre optimal de nutriments pour le cerveau.

Inclure des aliments riches en oméga-3 : Les poissons gras comme le saumon, le maquereau, et les sardines, ainsi que les graines de chia et de lin, sont d'excellentes sources d'acides gras oméga-3, essentiels à la santé cérébrale.

Consommer des aliments fermentés : Les aliments fermentés comme le yaourt, le kéfir, et le kimchi sont riches en probiotiques, qui soutiennent la santé du microbiome intestinal. Compte tenu du lien étroit entre le cerveau et l'intestin, un microbiome sain peut jouer un rôle clé dans la gestion de l'anxiété.

Favoriser les sources de protéines de haute qualité : Les viandes maigres, les poissons, les légumineuses, et les noix fournissent des acides aminés essentiels pour la synthèse des neurotransmetteurs.

Réduire la consommation de sucre et d'aliments transformés : Ces aliments peuvent provoquer des fluctuations de la glycémie et de l'humeur, contribuant à l'anxiété et à d'autres troubles de l'humeur.

Conclusion

La science continue de révéler l'importance de l'alimentation dans la gestion de la santé mentale. En adoptant des stratégies alimentaires basées sur des aliments entiers, riches en nutriments essentiels, il est possible de soutenir le bien-être mental et de réduire l'anxiété.

Ce chapitre a mis en lumière les liens entre l'alimentation et la santé mentale, soulignant que prendre soin de notre alimentation est une forme de soin de soi, cruciale pour notre bien-être global.

Chapitre 3 : Les macronutriments et l'anxiété

Dans notre quête d'équilibre et de bien-être mental, comprendre le rôle des macronutriments - protéines, glucides, et lipides - dans notre alimentation et leur influence sur l'anxiété est fondamental.

Ce chapitre explore en profondeur comment ces éléments essentiels de notre alimentation interagissent avec notre cerveau et notre système nerveux, et offre des orientations pour optimiser notre consommation de macronutriments dans le but de réduire l'anxiété.

Les Protéines : Bâtisseurs de nos Neurotransmetteurs

Les protéines sont cruciales pour la santé mentale, principalement parce qu'elles fournissent les acides aminés nécessaires à la synthèse des neurotransmetteurs, qui jouent un rôle central dans la régulation de notre humeur et de notre réponse à l'anxiété.

Le tryptophane, par exemple, est un précurseur de la sérotonine, souvent appelée l'hormone du bonheur, pour son rôle dans la régulation de l'humeur, du sommeil et de l'appétit.

Stratégies alimentaires : Pour assurer un apport adéquat en protéines et en acides aminés essentiels, il est conseillé d'inclure dans votre alimentation une variété de sources de protéines, telles que la viande, le poisson, les œufs, les produits laitiers, les légumineuses et les noix.

Une attention particulière devrait être accordée à la consommation régulière de poissons gras, riches en acides gras oméga-3, qui ont montré des effets bénéfiques sur la réduction de l'anxiété.

Les Glucides : Énergie pour le Cerveau et Stabilité de l'Humeur

Les glucides sont notre principale source d'énergie, et leur consommation influence directement nos niveaux d'énergie et notre humeur. Cependant, tous les glucides ne sont pas égaux. Les glucides complexes, tels que ceux trouvés dans les grains entiers, les légumes et certains fruits, sont digérés plus lentement, fournissant une libération d'énergie plus stable et aidant à maintenir une humeur équilibrée.

Stratégies alimentaires : Favoriser les glucides complexes par rapport aux sucres simples et raffinés peut aider à éviter les pics et les chutes de glycémie, qui peuvent contribuer à l'anxiété et à l'irritabilité. Les aliments riches en fibres, tels que les légumes, les fruits, les légumineuses et les grains entiers, non seulement fournissent une source stable d'énergie mais soutiennent également la santé digestive, ce qui est essentiel compte tenu du lien entre l'intestin et le cerveau.

Les Lipides : Soutien à la Structure Cérébrale et Fonctionnement

Les lipides, en particulier les acides gras essentiels oméga-3, sont vitaux pour le bon fonctionnement du cerveau. Ils jouent un rôle clé dans la fluidité des membranes cellulaires, permettant une communication efficace entre les cellules nerveuses, et ont des propriétés anti-inflammatoires qui peuvent aider à réduire l'anxiété.

Stratégies alimentaires : Assurer un apport adéquat en acides gras essentiels, en particulier les oméga-3, est crucial pour la santé mentale. Les sources d'oméga-3 comprennent le poisson gras (comme le saumon, le maquereau et les sardines), les graines de lin, les graines de chia, et les noix, notamment les noix de Grenoble. Il est également important de maintenir un équilibre sain entre les oméga-3 et les oméga-6, ce dernier étant souvent surconsommé dans les régimes occidentaux modernes.

L'équilibre des macronutriments pour la santé mentale

L'équilibre entre protéines, glucides, et lipides est essentiel pour optimiser notre santé mentale. Une alimentation déséquilibrée peut entraîner des fluctuations de l'humeur, de l'énergie, et augmenter les niveaux d'anxiété. Voici quelques principes pour maintenir cet équilibre :

Variété et équilibre : S'assurer que chaque repas contient une bonne combinaison de protéines, glucides complexes, et lipides sains. Cela aide à stabiliser les niveaux de glycémie et fournit un soutien continu à notre cerveau et notre système nerveux tout au long de la journée.

Attention aux portions : Manger des portions appropriées de chaque macronutriment peut aider à prévenir les pics de glycémie et favoriser une sensation de satiété et de bien-être prolongée. Utiliser des outils comme l'assiette modèle peut être utile pour visualiser la répartition idéale des macronutriments.

Hydratation : Bien que techniquement pas un macronutriment, l'eau est cruciale pour le fonctionnement optimal du cerveau. Une hydratation adéquate soutient la cognition, l'humeur, et peut réduire l'anxiété.

Intégration des macronutriments dans la vie quotidienne

Voici quelques stratégies concrètes pour intégrer ces recommandations dans votre quotidien :

Petit-déjeuner équilibré : Commencez la journée avec un petit-déjeuner riche en protéines, glucides complexes, et lipides sains. Par exemple, un bol de flocons d'avoine accompagné de fruits, de noix, et d'un filet de sirop d'érable fournit énergie et stabilité pour débuter la journée.

Collations intelligentes : Optez pour des collations qui combinent protéines et fibres pour maintenir l'énergie et la satiété. Un exemple pourrait être des tranches de pomme avec du beurre d'amande ou des légumes avec du houmous.

Plats principaux : Pour les repas principaux, pensez à une assiette composée d'un quart de protéines (comme du poulet, du tofu, ou des lentilles), un quart de glucides complexes (comme des patates douces ou du quinoa), et la moitié de l'assiette remplie de légumes variés pour les fibres et les micronutriments, avec une source de lipides sains comme une vinaigrette à base d'huile d'olive.

Réduire les sucres ajoutés et les aliments ultra-transformés : Ces aliments peuvent perturber votre équilibre glycémique et contribuer à l'anxiété. Essayez de les limiter autant que possible en faveur d'aliments complets et non transformés.

Conclusion

Les macronutriments jouent un rôle essentiel dans notre bien-être mental, influençant tout, de notre énergie à notre humeur et notre capacité à gérer l'anxiété.

En comprenant le rôle de chaque macronutriment et en intégrant ces connaissances dans nos choix alimentaires, nous pouvons soutenir notre santé mentale de manière proactive.

L'équilibre, la variété, et la qualité des aliments que nous choisissons sont les clés pour nourrir à la fois notre corps et notre esprit.

En adoptant une approche holistique de l'alimentation, centrée sur des macronutriments équilibrés, nous pouvons créer un fondement solide pour réduire l'anxiété et améliorer notre bien-être global.

Chapitre 4 : Les micronutriments essentiels

Alors que les macronutriments sont les principaux fournisseurs d'énergie de notre corps, les micronutriments, vitamines, minéraux, et autres composés jouent un rôle crucial dans le soutien des fonctions corporelles, y compris la santé mentale et la gestion de l'anxiété.

Ce chapitre se concentre sur les micronutriments essentiels qui influencent directement notre bien-être mental et offre des conseils pour assurer un apport adéquat de ces nutriments précieux.

Vitamines du complexe B

Les vitamines B, notamment B6, B9 (folate), et B12, sont essentielles pour le bon fonctionnement du cerveau et la synthèse des neurotransmetteurs. Une carence en ces vitamines peut entraîner une augmentation de l'anxiété et d'autres troubles de l'humeur.

Sources alimentaires : Les légumineuses, les viandes, les œufs, les produits laitiers, les feuilles vertes et les céréales complètes sont d'excellentes sources de vitamines du complexe B. Pour les végétariens et végétaliens, considérer un supplément de B12 peut être nécessaire.

Vitamine D

La vitamine D, souvent appelée la vitamine du soleil, a été liée à la santé mentale, y compris la réduction de l'anxiété et la dépression. Notre corps produit de la vitamine D en réponse à l'exposition au soleil, mais elle peut aussi être obtenue par l'alimentation et les suppléments.

Sources alimentaires : Le poisson gras, l'huile de foie de morue, les jaunes d'œufs, et les aliments enrichis sont de bonnes sources de vitamine D. Cependant, en fonction de l'exposition au soleil et de la localisation géographique, un supplément peut être bénéfique.

Magnésium

Le magnésium joue un rôle dans de nombreuses fonctions corporelles, y compris la régulation de l'anxiété. Il contribue à la fonction nerveuse et à la relaxation musculaire, ce qui peut aider à réduire le stress et l'anxiété.

Sources alimentaires : Les noix, les graines, les légumes à feuilles vertes, et les grains entiers sont d'excellentes sources de magnésium. Assurer une consommation régulière de ces aliments peut aider à maintenir des niveaux adéquats de magnésium.

Oméga-3

Bien que techniquement pas un micronutriment, les acides gras oméga-3 sont essentiels pour la santé cérébrale et peuvent contribuer à réduire l'anxiété. Ils soutiennent la fluidité des membranes cellulaires du cerveau et ont des propriétés anti-inflammatoires.

Sources alimentaires : Le poisson gras, les graines de chia, les graines de lin, et les noix de Grenoble sont parmi les meilleures sources d'oméga-3. Pour ceux qui ne consomment pas de produits d'origine animale, des suppléments d'oméga-3 à base d'algues sont une option viable.

Antioxydants

Les antioxydants, tels que la vitamine C, la vitamine E, et le sélénium, aident à combattre le stress oxydatif dans le corps, ce qui peut avoir un impact positif sur la gestion de l'anxiété.

Sources alimentaires : Les fruits et légumes colorés, les noix, les graines, et les grains entiers sont riches en antioxydants. Varier les couleurs dans votre assiette est une excellente façon de s'assurer que vous obtenez un large éventail d'antioxydants.

Zinc

Le zinc joue un rôle crucial dans le fonctionnement neuronal et la modulation de l'humeur. Des niveaux adéquats de zinc sont associés à une réduction des symptômes d'anxiété. Ce micronutriment agit en soutenant le système nerveux central et en renforçant la réponse de l'organisme au stress.

Sources alimentaires : Les huîtres, les viandes rouges, les volailles, les légumineuses, les noix, et les grains entiers sont d'excellentes sources de zinc. Une attention particulière à la consommation de ces aliments peut aider à maintenir un niveau adéquat de zinc, surtout dans les régimes végétariens ou végétaliens où l'absorption du zinc peut être plus difficile.

Fer

Le fer est vital pour la production de l'hémoglobine, le transport de l'oxygène dans le sang, et joue également un rôle dans la santé mentale. Une carence en fer peut entraîner de la fatigue, de l'apathie, et augmenter la susceptibilité à l'anxiété et à la dépression.

Sources alimentaires : Les viandes rouges, les volailles, les poissons, les lentilles, les épinards, et les fruits secs sont riches en fer. Pour les non-consommateurs de viande, combiner des sources de fer végétales avec des aliments riches en vitamine C peut améliorer l'absorption du fer.

Iode

L'iode est essentiel pour la synthèse des hormones thyroïdiennes, qui régulent de nombreux processus métaboliques, y compris la fonction cérébrale. Une carence ou un excès d'iode peut affecter la santé mentale, y compris l'humeur et l'anxiété.

Sources alimentaires : Le poisson, les produits laitiers, et les algues sont des sources riches en iode. Les sels iodés fournissent également une source d'iode facilement accessible pour prévenir les carences.

Probiotiques

Bien que pas des micronutriments, les probiotiques jouent un rôle important dans la santé mentale par le biais de l'axe intestin-cerveau. Ils peuvent influencer la fonction cérébrale et aider à gérer l'anxiété.

Sources alimentaires : Les aliments fermentés comme le yaourt, le kéfir, le kombucha, et la choucroute sont riches en probiotiques. Inclure ces aliments dans votre alimentation peut soutenir la santé de votre microbiome intestinal et, par extension, votre bien-être mental.

Stratégies pour une alimentation riche en micronutriments

Afin d'optimiser l'apport en micronutriments essentiels pour la santé mentale, considérez les stratégies suivantes :

Diversifiez votre alimentation : Inclure une variété d'aliments dans votre régime assure un spectre plus large de micronutriments. Essayez d'incorporer différentes couleurs de fruits et légumes, ainsi que diverses sources de protéines et de grains entiers.

Cuisinez à la maison : Préparer vos repas vous permet de contrôler les ingrédients et d'optimiser la quantité de micronutriments dans votre alimentation.

Considérez la supplémentation si nécessaire : Dans certains cas, comme pour la vitamine D, B12, ou les oméga-3, la supplémentation peut être nécessaire pour atteindre les niveaux recommandés, surtout pour les personnes suivant des régimes restrictifs ou ayant des besoins spécifiques.

Conclusion

Les micronutriments jouent un rôle indispensable dans le maintien de notre santé mentale et la gestion de l'anxiété.

En adoptant une alimentation équilibrée et diversifiée, riche en vitamines, minéraux, et probiotiques, nous pouvons soutenir notre bien-être mental de manière significative.

Ce chapitre a mis en lumière l'importance de ces nutriments essentiels et offre des pistes concrètes

pour améliorer notre alimentation et, par extension,
notre qualité de vie.

Chapitre 5 : L'importance du microbiote intestinal

L'exploration récente de l'axe intestin-cerveau a révolutionné notre compréhension de la manière dont notre alimentation affecte non seulement notre santé physique mais aussi notre bien-être mental.

Ce chapitre se penche sur l'importance cruciale du microbiote intestinal, souvent considérée comme notre "deuxième cerveau", dans la gestion de l'anxiété et le soutien de la santé mentale.

Le microbiote intestinal : Un écosystème complexe

Le microbiote intestinal est composé de billions de micro-organismes, y compris des bactéries, des virus, des champignons et des protozoaires. Cette communauté microbienne joue un rôle clé dans de nombreuses fonctions vitales, telles que la digestion, la synthèse de vitamines et la régulation du système immunitaire. Plus fascinant encore, des recherches récentes indiquent que le microbiote intestinal peut également influencer notre humeur, nos pensées et nos émotions par le biais de l'axe intestin-cerveau.

L'axe intestin-cerveau : Un dialogue bidirectionnel

L'axe intestin-cerveau désigne la communication bidirectionnelle entre le système nerveux central (y compris le cerveau) et le système nerveux entérique (le système nerveux de l'intestin). Ce dialogue complexe implique des voies nerveuses, hormonales et immunitaires, permettant aux micro-organismes intestinaux d'affecter directement les fonctions cérébrales et, inversement, au cerveau de modifier la composition et la fonction du microbiote intestinal.

Microbiote et anxiété : Quels liens ?

Plusieurs mécanismes ont été proposés pour expliquer comment le microbiote intestinal peut influencer l'anxiété :

Production de neurotransmetteurs : Certaines souches bactériennes intestinales sont capables de produire ou de stimuler la production de neurotransmetteurs, tels que la sérotonine et le GABA, qui jouent un rôle crucial dans la régulation de l'humeur et de l'anxiété.

Réponse inflammatoire : Le microbiote intestinal joue un rôle dans la régulation de l'inflammation systémique. Un déséquilibre du microbiote, connu sous le nom de dysbiose, peut entraîner une inflammation chronique, qui a été liée à un risque accru de troubles de l'humeur, y compris l'anxiété.

Système immunitaire : Le microbiote influence la maturation et la fonction du système immunitaire. Des perturbations dans cette relation peuvent affecter la santé mentale à travers des mécanismes immunomodulateurs.

Soutenir le microbiote pour la santé mentale

Alimentation riche en fibres : Les fibres alimentaires, présentes dans les fruits, les légumes, les légumineuses et les grains entiers, servent de substrats pour la fermentation par les bactéries intestinales, produisant des acides gras à chaîne courte bénéfiques pour la santé intestinale et mentale.

Aliments fermentés : L'incorporation d'aliments fermentés, qui contiennent des bactéries vivantes bénéfiques, peut contribuer à la diversité et à la santé du microbiote intestinal.

Prébiotiques et probiotiques : Les prébiotiques (fibres alimentaires qui nourrissent les bonnes bactéries) et les probiotiques (bactéries vivantes bénéfiques) peuvent aider à maintenir un équilibre sain du microbiote intestinal, ce qui peut être bénéfique pour la santé mentale.

Approches complémentaires pour soutenir le microbiote intestinal
En plus de l'alimentation riche en fibres et de l'incorporation d'aliments fermentés, d'autres

approches peuvent contribuer à la santé du microbiote intestinal et, par extension, à notre bien-être mental.

Gestion du stress

Le stress chronique a un impact négatif sur la composition et la fonction du microbiote intestinal. Des études montrent que le stress peut réduire la diversité microbienne et favoriser la prolifération de bactéries associées à des effets négatifs sur la santé. Des techniques de gestion du stress, telles que la méditation, le yoga, et la pleine conscience, peuvent réduire l'influence du stress sur le microbiote intestinal et améliorer la santé mentale.

Sommeil de qualité

Un sommeil insuffisant ou de mauvaise qualité peut perturber le microbiote intestinal. La recherche indique que des modèles de sommeil irréguliers peuvent affecter la diversité et la stabilité du microbiote, ce qui peut entraîner des répercussions sur l'anxiété et la santé mentale. Prioriser un sommeil réparateur, en respectant les cycles naturels de sommeil et en évitant les écrans avant le coucher, peut aider à maintenir un microbiote intestinal sain.

Activité physique

L'exercice régulier est bénéfique pour le microbiote intestinal. L'activité physique peut augmenter la diversité microbienne et enrichir la présence de bactéries bénéfiques associées à de meilleurs marqueurs de santé mentale. L'exercice agit également comme un anti-stress naturel, fournissant un double bénéfice pour le microbiote et le bien-être mental.

La frontière de la recherche sur le microbiote et la santé mentale

La science continue d'explorer la relation complexe entre le microbiote intestinal et la santé mentale. Des interventions ciblées, telles que les transplantations fécales et les probiotiques spécifiques, font l'objet de recherches pour évaluer leur efficacité dans le traitement de troubles psychologiques, y compris l'anxiété.

Bien que ces approches soient prometteuses, elles nécessitent une compréhension plus approfondie et des études supplémentaires avant de devenir des pratiques courantes.

Conclusion

L'axe intestin-cerveau représente un domaine fascinant de la recherche qui souligne l'interconnectivité de notre alimentation, notre microbiote intestinal et notre santé mentale.

En adoptant des habitudes de vie qui soutiennent un microbiote intestinal sain, une alimentation riche en fibres, en aliments fermentés, la gestion du stress, un sommeil de qualité et une activité physique régulière, nous pouvons potentiellement améliorer notre bien-être mental et réduire l'anxiété. Cette compréhension émergeante nous offre des pistes concrètes pour agir sur notre santé mentale de manière globale et holistique.

Chapitre 6 : Aliments à privilégier

Dans notre parcours vers la réduction de l'anxiété et l'amélioration du bien-être mental, l'alimentation joue un rôle clé.

Ce chapitre se concentre sur les aliments et nutriments spécifiques qui ont montré un potentiel dans la lutte contre l'anxiété, soutenus par la recherche et la pratique clinique.

Les superaliments anti-anxiété

Certains aliments sont considérés comme des superaliments lorsqu'il s'agit de combattre l'anxiété, grâce à leur richesse en nutriments essentiels qui soutiennent la santé mentale.

Poissons gras : Riches en acides gras oméga-3, des nutriments essentiels pour réduire l'inflammation et soutenir la santé cérébrale, les poissons comme le saumon, le maquereau et les sardines sont des alliés précieux.

Légumes à feuilles vertes : Les épinards, le chou frisé et d'autres légumes verts sont riches en magnésium, un minéral qui joue un rôle dans la relaxation musculaire et la réduction de l'anxiété.

Noix et graines : Les noix de Grenoble, les amandes et les graines de chia sont d'excellentes sources de magnésium, de zinc et d'acides gras oméga-3, contribuant tous à la santé mentale.

Fruits du genre baies : Les fraises, les myrtilles et les framboises sont riches en antioxydants et en vitamine C, qui peuvent aider à combattre le stress.

Céréales complètes : Les aliments comme l'avoine, le quinoa et le riz brun fournissent des glucides complexes pour une libération d'énergie stable, ainsi que des fibres pour soutenir la santé du microbiome intestinal.

Légumineuses : Les lentilles, les pois chiches et les haricots sont riches en fibres et en protéines, stabilisant la glycémie et soutenant la production de neurotransmetteurs.

Aliments fermentés : Le yogourt, le kéfir et la choucroute apportent des probiotiques bénéfiques pour la santé du microbiote intestinal, ce qui peut influencer positivement la santé mentale.

Hydratation et gestion de l'anxiété

L'hydratation joue également un rôle crucial dans la gestion de l'anxiété. L'eau aide à réguler les réactions physiologiques du corps, y compris celles liées au stress et à l'anxiété. Une déshydratation, même légère, peut affecter l'humeur et la cognition.

Conseil : Visez environ 8 verres d'eau par jour, tout en ajustant en fonction de l'activité physique et des conditions climatiques. Les infusions et les eaux aromatisées naturellement peuvent également être des options hydratantes bénéfiques.

Stratégies alimentaires globales

Adopter une approche globale de l'alimentation peut amplifier les effets bénéfiques des superaliments anti-anxiété. Cela implique de manger régulièrement, de choisir des aliments entiers et non transformés, et de prêter attention à la manière dont votre corps réagit à différents aliments.

Écoutez votre corps : Identifiez et minimisez les aliments qui semblent exacerber l'anxiété, comme la caféine ou le sucre.

Planification des repas : Planifier les repas peut aider à éviter la consommation impulsive d'aliments moins sains en périodes de stress.

Intégration pratique des superaliments anti-anxiété

Pour maximiser les bienfaits de ces superaliments dans la lutte contre l'anxiété, il est crucial d'adopter des habitudes alimentaires qui facilitent leur intégration quotidienne.

Création d'un environnement alimentaire sain

Stockez intelligemment : Assurez-vous que votre cuisine est remplie d'aliments qui soutiennent votre santé mentale. Avoir des fruits, des légumes, des noix, et des grains entiers à portée de main encourage des choix alimentaires sains au quotidien.

Préparation des repas : Dédiez un moment de la semaine à la préparation des repas. Cuisiner en gros et stocker des portions individuelles peut simplifier l'accès à des repas nutritifs, surtout lors des périodes chargées ou stressantes.

Techniques culinaires pour préserver les nutriments

Cuisson douce : Optez pour des méthodes de cuisson qui préservent les nutriments, comme la vapeur ou la cuisson à feu doux. Cela est particulièrement important pour les légumes à feuilles vertes et les poissons gras, afin de conserver leur teneur en vitamines et oméga-3.

Utilisation d'épices et d'herbes : Les épices et les herbes ne sont pas seulement des moyens de rehausser le goût de vos plats ; beaucoup ont également des propriétés anti-inflammatoires et anti-anxiété. Le curcuma, par exemple, contient de la curcumine, un composé bénéfique pour la santé mentale.

Mindful Eating : Manger en pleine conscience

La manière dont nous mangeons est tout aussi importante que ce que nous mangeons. Manger en pleine conscience nous encourage à être pleinement présents lors de nos repas, à savourer chaque bouchée, et à écouter les signaux de faim et de satiété de notre corps. Cette pratique peut aider à réduire l'anxiété liée à l'alimentation et à améliorer notre relation avec la nourriture.

Pratiquez la gratitude : Prenez un moment avant chaque repas pour exprimer de la gratitude pour la nourriture devant vous. Cela peut renforcer une approche positive de l'alimentation.

Écoutez votre corps : Apprenez à reconnaître les signaux de faim et de satiété de votre corps pour éviter de manger par stress ou ennui.

L'importance de la variété

Bien que certains aliments aient été identifiés comme particulièrement bénéfiques pour la gestion de l'anxiété, il est essentiel de se rappeler l'importance de la variété alimentaire. Une alimentation diversifiée assure un apport équilibré en nutriments, contribuant à un microbiote intestinal sain et à un bien-être mental optimal.

Expérimentez avec de nouveaux aliments : Essayez régulièrement de nouveaux fruits, légumes, grains entiers, et sources de protéines pour diversifier votre alimentation et découvrir de nouvelles saveurs.

Conclusion

Le chapitre 6 met en lumière l'importance cruciale de l'alimentation dans la gestion de l'anxiété et le soutien de la santé mentale. En intégrant des superaliments anti-anxiété, en pratiquant l'hydratation et en adoptant des habitudes alimentaires saines, nous pouvons contribuer significativement à notre bien-être mental.

Cette approche holistique de l'alimentation, combinée à une conscience de la manière dont nous mangeons et de la variété des aliments consommés, peut être un pilier fondamental dans notre quête d'un équilibre mental et d'une vie plus sereine.

Chapitre 7 : Aliments à éviter

Tout en mettant l'accent sur les aliments bénéfiques dans la lutte contre l'anxiété, il est également crucial de reconnaître ceux qui peuvent exacerber les symptômes de l'anxiété ou nuire à notre bien-être mental.

Ce chapitre explore les aliments et substances à limiter ou éviter pour soutenir une meilleure gestion de l'anxiété et favoriser une santé mentale globale.

Les sucres raffinés

Les sucres raffinés et les glucides simples peuvent provoquer des fluctuations rapides de la glycémie, conduisant à des pics d'énergie suivis de baisses, ce qui peut augmenter les sentiments d'anxiété et d'irritabilité.

Aliments concernés : Gâteaux, bonbons, sodas, et même certains produits dits "sains" mais riches en sucres ajoutés.

Stratégie d'évitement : Recherchez des alternatives naturelles avec des sucres moins raffinés et une teneur élevée en fibres, comme les fruits ou les snacks à base de grains entiers, qui assurent une libération plus stable de l'énergie.

Caféine

Bien que la caféine puisse offrir un coup de pouce temporaire à la concentration et à l'éveil, elle peut également contribuer à l'anxiété en augmentant la fréquence cardiaque et la nervosité, particulièrement chez les personnes sensibles à ses effets.

Aliments concernés : Café, thé noir, boissons énergisantes, et certains sodas.

Stratégie d'évitement : Modérer la consommation de caféine ou explorer des alternatives sans caféine, comme le thé vert qui contient de la L-théanine, pouvant promouvoir la relaxation sans somnolence.

Alcool

L'alcool peut sembler offrir un effet relaxant à court terme, mais il peut perturber le sommeil et augmenter les niveaux d'anxiété une fois que l'effet s'estompe, contribuant à un cycle d'anxiété et de consommation d'alcool.

Stratégie d'évitement : Limiter la consommation d'alcool et privilégier une hydratation saine avec de l'eau, des infusions ou des jus naturels.

Aliments riches en graisses saturées et trans

Les graisses saturées et trans peuvent non seulement nuire à la santé cardiaque, mais également contribuer à l'inflammation dans le corps, potentiellement exacerbant les symptômes d'anxiété.

Aliments concernés : Fast-food, plats préparés, pâtisseries industrielles, et certains produits laitiers riches en matières grasses.

Stratégie d'évitement : Opter pour des sources de graisses plus saines, comme les avocats, les noix et les poissons gras, qui fournissent des acides gras essentiels bénéfiques pour le cerveau et l'humeur.

Additifs alimentaires

Certains additifs et conservateurs alimentaires peuvent avoir des effets négatifs sur l'humeur et l'anxiété chez certaines personnes. MSG (glutamate monosodique) et aspartame sont deux exemples couramment cités.

Stratégie d'évitement : Privilégiez les aliments entiers et non transformés autant que possible, et lisez attentivement les étiquettes pour éviter les produits contenant des additifs inutiles.

Création d'un plan alimentaire conscient

Connaître les aliments à éviter est un pas important, mais l'intégration de cette connaissance dans la vie quotidienne nécessite une approche pratique et durable. Voici quelques stratégies pour y parvenir :

Journal alimentaire : Tenir un journal alimentaire peut aider à identifier les liens entre votre consommation de certains aliments et vos niveaux d'anxiété, vous permettant de faire des choix plus éclairés.

Cuisinez plus : Préparer vos repas à la maison vous donne un contrôle total sur les ingrédients et vous aide à éviter les aliments potentiellement anxiogènes.

Planification des repas : Planifiez à l'avance pour éviter les choix alimentaires impulsifs et moins sains en période de stress.

Sensibilisation aux habitudes alimentaires

Une partie essentielle de la gestion de l'anxiété par l'alimentation consiste à devenir plus conscient de nos habitudes alimentaires et des influences externes qui peuvent nous pousser vers des choix moins sains.

Répondre plutôt que réagir

Pause avant de manger : Prendre un moment pour évaluer si vous avez réellement faim ou si vous réagissez à un stress ou à une émotion peut vous aider à faire des choix alimentaires plus conscients.

Reconnaître les déclencheurs émotionnels : Identifier les émotions ou les situations qui vous poussent à chercher du réconfort dans la nourriture est le premier pas vers le développement de stratégies alternatives pour y faire face.

Éducation nutritionnelle

Comprendre les bases de la nutrition et comment certains aliments affectent notre corps et notre esprit peut grandement contribuer à améliorer notre bien-être mental.

Sources fiables : Cherchez des informations nutritionnelles auprès de sources fiables et scientifiquement validées. Cela peut inclure des sites éducatifs spécialisés, des publications de recherche ou des consultations avec des professionnels de la santé.

Apprendre à lire les étiquettes : Savoir décrypter les étiquettes alimentaires vous permet d'identifier et d'éviter les sucres cachés, les graisses saturées et trans, et les additifs potentiellement nuisibles.

Adopter une approche holistique

L'alimentation est un élément crucial de notre bien-être général, mais elle fonctionne mieux lorsqu'elle est intégrée dans une approche de vie plus globale qui inclut l'exercice physique, une bonne hygiène de sommeil, et la gestion du stress.

Exercice régulier : L'activité physique libère des endorphines, améliorant l'humeur et réduisant l'anxiété. Elle peut aussi aider à réguler l'appétit et à améliorer la qualité du sommeil.

Sommeil réparateur : Un sommeil de qualité est fondamental pour réguler les hormones de stress et soutenir le bien-être mental. Établissez une routine de coucher régulière et créez un environnement propice au repos.

Techniques de relaxation : Pratiques comme la méditation, le yoga, ou la respiration profonde peuvent aider à gérer le stress et à réduire l'impact de l'anxiété sur votre vie quotidienne.

Conclusion

Éviter certains aliments et substances peut jouer un rôle significatif dans la gestion de l'anxiété, mais cette stratégie est la plus efficace lorsqu'elle fait partie d'un engagement plus large envers un style de vie sain.

En développant une conscience plus profonde de nos habitudes alimentaires, en nous éduquant sur les principes de la nutrition, et en adoptant une approche holistique de notre bien-être, nous pouvons prendre des mesures puissantes pour améliorer notre santé mentale.

À travers ce chapitre, nous avons exploré les aliments et pratiques alimentaires à éviter pour réduire l'anxiété. En prenant en compte ces conseils et en les intégrant dans une approche globale de la santé, vous pouvez travailler à améliorer votre bien-être mental et à réduire l'impact de l'anxiété sur votre vie.

Chapitre 8 : Hydratation et santé mentale

L'importance de l'hydratation va bien au-delà du maintien de fonctions physiologiques essentielles ; elle joue également un rôle crucial dans notre bien-être mental.

Ce chapitre explore comment l'hydratation influence la santé mentale, notamment l'anxiété, et fournit des directives pour maintenir une hydratation optimale qui soutient notre santé globale.

L'impact de l'hydratation sur le cerveau

L'eau représente environ 60% du poids corporel d'un adulte, et le cerveau lui-même est composé d'environ 75% d'eau. Cette composition illustre l'importance vitale de l'eau pour le fonctionnement cérébral optimal, y compris :

Transport des nutriments et des hormones : L'eau facilite le transport des nutriments et des hormones dans tout le corps, y compris vers le cerveau, jouant un rôle essentiel dans la régulation de l'humeur et des fonctions cognitives.

Élimination des toxines : Une hydratation adéquate aide à éliminer les déchets et les toxines du cerveau, ce qui peut contribuer à une meilleure concentration et à un risque réduit de troubles de l'humeur.

Protection et soutien structurel : L'eau fournit un coussin protecteur pour le cerveau, amortissant les chocs et soutenant la structure cérébrale.

Hydratation et gestion de l'anxiété

La déshydratation, même légère, peut avoir des effets négatifs immédiats sur l'humeur et la cognition, y compris l'augmentation de la perception du stress et de l'anxiété. Voici comment une hydratation adéquate peut aider à gérer l'anxiété :

Réduction du stress physique : Une hydratation adéquate diminue la tension physique qui peut être perçue comme du stress, aidant à calmer le système nerveux.

Amélioration de la concentration : En maintenant la fonction cérébrale optimale, l'hydratation aide à améliorer la concentration et la clarté mentale, réduisant ainsi les sentiments d'angoisse.

Équilibre émotionnel : Un apport hydrique suffisant peut aider à stabiliser l'humeur, contribuant à une meilleure régulation émotionnelle et à une réduction des symptômes d'anxiété.

Stratégies pour améliorer l'hydratation

Adopter des habitudes d'hydratation saines est un pas important vers le soutien de votre santé mentale. Voici quelques conseils pour rester bien hydraté :

Fixez des objectifs quotidiens : Visez à boire au moins 8 verres d'eau par jour, en ajustant en fonction de votre activité physique et de vos besoins individuels.

Utilisez une bouteille d'eau réutilisable : Avoir une bouteille d'eau avec vous tout au long de la journée peut vous encourager à boire régulièrement.

Ajoutez du goût à votre eau : Si vous trouvez l'eau ennuyeuse, essayez d'ajouter des tranches de fruits frais ou des herbes comme la menthe pour améliorer le goût.

Écoutez votre corps : Apprenez à reconnaître les signes de déshydratation, tels que la soif, la bouche sèche, la fatigue et les maux de tête, et buvez de l'eau régulièrement avant que ces symptômes apparaissent.

Reconnaître et Combattre la Déshydratation

La déshydratation peut s'installer bien avant que les signes évidents, comme la soif, ne deviennent perceptibles. Être attentif aux signaux précurseurs peut aider à prévenir les effets négatifs sur la santé mentale.

Signes subtils de déshydratation

Fatigue et léthargie : Un manque d'énergie ou une sensation de fatigue persistante peut être un signe précoce de déshydratation.

Difficultés de concentration : La difficulté à se concentrer ou une "brume cérébrale" peut indiquer un besoin d'hydratation.

Changement d'humeur : L'irritabilité ou de petits changements d'humeur sans raison apparente peuvent être causés par une hydratation insuffisante.

Stratégies pour augmenter l'apport en eau

Intégrez l'eau dans votre routine : Buvez un verre d'eau dès le réveil et avant chaque repas ou pause-café.

Définissez des rappels : Utilisez des applications de rappel d'hydratation ou des alarmes sur votre téléphone ou ordinateur pour vous inciter à boire régulièrement.

Hydratez à travers les aliments : Consommez des fruits et légumes riches en eau, tels que les concombres, les tomates, les oranges, et les pastèques, pour aider à compléter votre apport hydrique.

L'eau et la Régulation Émotionnelle

L'hydratation affecte directement notre capacité à réguler nos émotions. Une hydratation adéquate peut améliorer notre résilience au stress et renforcer notre capacité à faire face aux défis émotionnels.

Le lien entre l'eau et le stress

Réponse au stress : Une bonne hydratation aide à modérer la réponse physique au stress, réduisant potentiellement la production d'hormones de stress comme le cortisol.

Équilibre neurochimique : L'eau joue un rôle dans le maintien de l'équilibre des neurotransmetteurs et peut influencer positivement l'état d'esprit et l'équilibre émotionnel.

L'eau et la Santé Physique : Implications pour la Santé Mentale

La relation entre la santé physique et mentale est inextricablement liée ; ainsi, les bénéfices de l'hydratation sur la santé physique peuvent également favoriser une meilleure santé mentale.

Soutien de la fonction cognitive

Mémoire et cognition : L'hydratation soutient la mémoire à court et à long terme, la capacité d'apprentissage, et la vitesse de traitement de l'information, contribuant à un esprit plus vif et à une meilleure santé mentale.

Optimisation de la performance physique

Performance et endurance : Une hydratation adéquate est essentielle pour optimiser la performance physique, ce qui, en retour, peut renforcer l'estime de soi et le bien-être mental par l'amélioration de la condition physique.

Conclusion

L'importance de l'hydratation s'étend bien au-delà des besoins physiques de base, influençant profondément notre bien-être mental et émotionnel.

En adoptant des pratiques d'hydratation conscientes, nous pouvons non seulement améliorer notre santé physique mais aussi renforcer notre résilience mentale face à l'anxiété et au stress.

Ce chapitre souligne que l'attention portée à notre apport en eau est une composante essentielle d'une stratégie globale pour maintenir et améliorer notre santé mentale.

Chapitre 9 : Planifier ses repas pour l'équilibre mental

La planification des repas joue un rôle essentiel dans le maintien de l'équilibre mental. Elle peut aider à réguler les humeurs, à combattre l'anxiété, et à soutenir une santé mentale globale grâce à une alimentation équilibrée et nutritive.

Ce chapitre explore comment une planification minutieuse des repas peut contribuer à une meilleure gestion de l'anxiété et propose des stratégies pour intégrer efficacement cette pratique dans la vie quotidienne.

L'importance de la planification des repas

La planification des repas n'est pas seulement une question d'organisation ou de gain de temps ; elle est également cruciale pour assurer que nous nourrissons notre corps et notre esprit avec les bons nutriments. En planifiant, nous pouvons :

Éviter les choix alimentaires impulsifs, souvent moins sains, qui peuvent survenir en réponse au stress ou à la fatigue.

Assurer une alimentation équilibrée, en intégrant une variété d'aliments riches en nutriments essentiels pour la santé mentale, tels que les oméga-3, les vitamines B, et le magnésium.

Réguler notre apport énergétique tout au long de la journée, évitant les pics et les chutes de glycémie qui peuvent influencer notre humeur et nos niveaux d'énergie.

Stratégies de planification des repas

La mise en œuvre d'une routine de planification des repas peut sembler décourageante au début, mais avec quelques stratégies clés, elle peut devenir une partie naturelle et bénéfique de votre routine hebdomadaire.

Définir des moments pour la planification : Consacrez un moment chaque semaine à la planification de vos repas et de vos courses. Cela peut impliquer de choisir des recettes, de dresser une liste de courses, et de prévoir des moments pour la préparation des repas.

Préparation en lots : Considérez la préparation de repas en grandes quantités que vous pouvez réfrigérer ou congeler pour les jours où vous êtes trop occupé pour cuisiner. Cela vous aide à rester sur la bonne voie avec une alimentation saine, même lorsque votre emploi du temps se complique.

Diversifiez vos repas : Essayez de varier vos repas pour inclure une large gamme de nutriments. Utilisez des guides alimentaires ou des applications de planification de repas pour obtenir des idées et vous assurer que vos repas sont équilibrés.

Exemples de plans alimentaires

Pour illustrer comment la planification des repas peut soutenir la santé mentale, examinons quelques exemples de plans alimentaires axés sur la réduction de l'anxiété :

Petit-déjeuner : Avoine cuite avec des baies, des noix, et un filet de sirop d'érable. Riche en fibres, oméga-3, et antioxydants, ce petit-déjeuner peut aider à stabiliser les niveaux de sucre dans le sang et à améliorer l'humeur.

Déjeuner : Salade de quinoa avec épinards, poivrons, concombres, pois chiches, et une vinaigrette à l'huile d'olive. Ce déjeuner fournit une bonne dose de magnésium, de protéines, et de fibres pour soutenir la fonction cérébrale et l'énergie.

Dîner : Saumon grillé avec asperges et patates douces. Le saumon est une excellente source d'oméga-3, tandis que les patates douces fournissent des glucides complexes pour une libération d'énergie stable.

Conseils pour la mise en œuvre réussie

Soyez flexible : Bien que la planification des repas soit bénéfique, il est important de rester flexible et de s'adapter aux changements d'emploi du temps ou d'humeur.

Intégrez des collations saines : Planifiez des collations nutritives entre les repas pour maintenir votre énergie et éviter les fringales impulsives.

Écoutez votre corps : Soyez attentif aux signaux de votre corps et ajustez votre plan alimentaire en fonction de vos besoins et réactions individuels.

Adapter la Planification des Repas aux Besoins Individuels

Chaque individu est unique, et ce qui fonctionne pour une personne en termes de gestion de l'anxiété et de bien-être mental peut ne pas être aussi efficace pour une autre. Il est crucial d'adapter la planification des repas à vos propres besoins, préférences, et réactions alimentaires.

Tenir compte des Intolérances et des Sensibilités Alimentaires

Écoutez votre corps : Faites attention à la façon dont différents aliments affectent votre humeur et votre énergie. Si vous suspectez une sensibilité alimentaire, envisagez de tenir un journal alimentaire pour identifier les coupables potentiels.

Consultez des professionnels : Pour les intolérances ou sensibilités alimentaires complexes, travailler avec un nutritionniste ou un professionnel de la santé peut fournir des orientations personnalisées pour ajuster votre plan alimentaire.

Importance de la Variété Alimentaire

Diversité des nutriments : Veillez à intégrer une large gamme d'aliments dans votre planification pour couvrir l'ensemble des nutriments essentiels. Cela inclut une variété de fruits, légumes, protéines, graisses saines, et grains entiers.

Nouveaux aliments : Expérimentez régulièrement avec de nouveaux aliments et recettes pour maintenir l'intérêt et découvrir de nouvelles façons de nourrir votre corps et votre esprit.

Gestion du Temps et Préparation des Repas

Le défi le plus courant de la planification des repas est souvent le temps. Cependant, avec quelques astuces, il est possible de préparer des repas sains sans y consacrer des heures chaque jour.

Techniques de Préparation Efficaces

Cuisson en lots : Préparer plusieurs portions d'un plat en une seule fois peut économiser du temps tout au long de la semaine. Les repas préparés peuvent être conservés au réfrigérateur ou au congélateur pour une utilisation ultérieure.

Préparation des ingrédients : Dédiez un moment de la semaine à laver, couper, et préparer différents ingrédients. Stockez-les dans des contenants réfrigérés pour un accès rapide lors de la préparation des repas.

Planification Flexible

Plans de repas modulables : Créez un plan de repas avec des options interchangeables pour permettre la flexibilité en fonction de votre emploi du temps et de votre humeur.

Jours de congé : Prévoyez des jours sans planification pour vous permettre de profiter de sorties ou de repas spéciaux sans culpabilité.

Conclusion

La planification des repas est un outil puissant pour soutenir la santé mentale, offrant une structure qui aide à maintenir une alimentation équilibrée et nutritive.

En adaptant les stratégies de planification et de préparation des repas à vos besoins individuels, vous pouvez non seulement améliorer votre bien-être mental mais aussi découvrir le plaisir et la satisfaction qui découlent d'une alimentation consciente et intentionnelle.

En incorporant ces pratiques dans votre routine, vous renforcez votre capacité à gérer l'anxiété et à favoriser un équilibre mental durable.

Chapitre 10 : Le Jeûne Intermittent et l'Anxiété

Le jeûne intermittent a gagné en popularité comme une méthode non seulement pour la gestion du poids mais également pour ses potentiels bienfaits sur la santé mentale, y compris la gestion de l'anxiété.

Ce chapitre explore le lien entre le jeûne intermittent et l'anxiété, examinant comment cette pratique peut influencer le bien-être mental.

Comprendre le Jeûne Intermittent

Le jeûne intermittent implique des périodes alternées de jeûne et de consommation alimentaire. Les approches courantes incluent le jeûne 16/8 (jeûner pendant 16 heures et manger pendant une fenêtre de 8 heures) et le jeûne 5 :2 (consommer une alimentation normale pendant 5 jours de la semaine et limiter l'apport calorique à 500-600 calories pendant 2 jours non consécutifs).

Mécanismes Potentiels Affectant l'Anxiété

Régulation hormonale : Le jeûne intermittent peut influencer les niveaux d'hormones liées au stress, comme le cortisol, contribuant potentiellement à une réponse réduite au stress.

Santé intestinale : En modifiant les habitudes alimentaires, le jeûne intermittent peut affecter le microbiome intestinal, ce qui, en retour, peut influencer la santé mentale via l'axe intestin-cerveau.

Neurogenèse et fonction cérébrale : Des recherches suggèrent que le jeûne peut stimuler la neurogenèse et améliorer la fonction cognitive, ayant un impact positif sur la gestion de l'anxiété.

Considérations et Mises en Garde

Bien que le jeûne intermittent puisse offrir des avantages pour certains individus dans la gestion de l'anxiété, il est crucial de considérer les mises en garde et les potentiels effets secondaires.

Écoute du corps : La réaction au jeûne intermittent peut varier considérablement d'une personne à l'autre. Il est important d'écouter son corps et d'ajuster ou d'arrêter la pratique si des effets négatifs sur la santé mentale ou physique sont ressentis.

Soutien professionnel : Consulter un professionnel de la santé avant de commencer le jeûne intermittent est recommandé, surtout pour les personnes souffrant de conditions médicales ou de troubles alimentaires.

Intégration du Jeûne Intermittent dans la Vie Quotidienne

Commencez lentement : Si vous êtes nouveau au jeûne intermittent, commencez par des jeûnes plus courts et augmentez progressivement la durée à mesure que votre corps s'adapte.

Maintenez une alimentation équilibrée : Pendant les périodes de consommation alimentaire, focalisez-vous sur une alimentation équilibrée riche en nutriments pour soutenir à la fois votre santé physique et mentale.

Surveillez votre état mental : Soyez attentif aux changements dans votre humeur ou vos niveaux d'anxiété et ajustez votre approche en conséquence.

Approfondissement des Bénéfices du Jeûne Intermittent

Le jeûne intermittent peut influencer positivement la santé mentale par plusieurs mécanismes biologiques et psychologiques clés. Examinons certains de ces bénéfices en détail.

Amélioration de la Régulation Hormonale

Le jeûne intermittent peut améliorer la sensibilité à l'insuline et réguler les niveaux de sucre dans le sang, contribuant à une meilleure stabilité de l'humeur et à la réduction des fluctuations qui peuvent exacerber l'anxiété.

Effets sur le Système Nerveux

Des études suggèrent que le jeûne intermittent peut augmenter la résilience au stress du système nerveux, en partie grâce à la stimulation de la production de nouveaux neurones, un processus connu sous le nom de neurogenèse.

Impact sur la Santé Intestinale

En modifiant les périodes d'alimentation, le jeûne intermittent peut influencer la composition du microbiote intestinal, potentiellement favorisant une flore bénéfique qui communique positivement avec le cerveau à travers l'axe intestin-cerveau.

Application Pratique et Personnalisation du Jeûne Intermittent

Intégrer le jeûne intermittent dans la vie quotidienne requiert une approche personnalisée, en tenant compte des objectifs individuels, du mode de vie, et de la santé globale.

Les Bases du Jeûne Intermittent

Le jeûne intermittent implique l'alternance de périodes de jeûne et d'alimentation. Les méthodes populaires incluent :

Le jeûne 16/8 : Impliquant 16 heures de jeûne suivies d'une fenêtre d'alimentation de 8 heures.

Le jeûne 5 :2 : Consistant à manger normalement pendant 5 jours de la semaine tout en limitant l'apport calorique à 500-600 calories pendant deux jours.

Le jeûne de 24 heures : Pratiqué une ou deux fois par semaine, sans consommation calorique durant 24 heures.

Adaptation et Flexibilité

L'adaptabilité est cruciale. Si vous ressentez des difficultés ou des effets secondaires, il est important d'être prêt à ajuster votre approche. Cela peut signifier modifier la fenêtre de jeûne ou permettre des ajustements basés sur votre niveau d'activité et vos besoins énergétiques.

Surveillance des Réponses Physiques et Mentales

Portez une attention particulière à la façon dont le jeûne intermittent affecte votre corps et votre esprit. Notez tout changement dans votre niveau d'anxiété, votre humeur, votre énergie, et votre bien-être général pour ajuster votre pratique en conséquence.

Précautions et Recommandations

Tandis que le jeûne intermittent offre des bénéfices potentiels, il est important de procéder avec prudence et de prendre certaines précautions pour assurer que cette pratique soutient effectivement votre santé mentale.

Consultation Professionnelle

Avant de commencer le jeûne intermittent, surtout si vous avez des préoccupations de santé existantes, consultez un professionnel de la santé pour vous assurer que c'est une approche sûre et appropriée pour vous.

Écoute Active du Corps

Soyez à l'écoute des signaux de votre corps et prêt à modifier ou arrêter le jeûne si vous ressentez des effets négatifs, tels que l'augmentation de l'anxiété, de la fatigue, ou d'autres symptômes de malaise.

Importance d'une Alimentation Équilibrée

Pendant les périodes de repas, concentrez-vous sur une alimentation riche en nutriments, avec une variété d'aliments entiers, pour maximiser les bénéfices sur la santé mentale et physique. Évitez de compenser le jeûne par une consommation excessive ou déséquilibrée d'aliments.

Conclusion

Le jeûne intermittent peut être un outil puissant pour améliorer la santé mentale et gérer l'anxiété, à condition qu'il soit pratiqué de manière réfléchie et adaptée aux besoins individuels.

En approchant le jeûne avec intention, en étant attentif aux réactions de votre corps, et en intégrant cette pratique dans un cadre de vie sain et équilibré, vous pouvez potentiellement récolter les bénéfices du jeûne intermittent sur votre bien-être mental.

Chapitre 11 : La Relation entre le Sucre et l'Anxiété

La consommation de sucre et son impact sur la santé physique a longtemps été un sujet de débat dans le domaine de la nutrition. Cependant, son influence sur la santé mentale, et en particulier sur l'anxiété, commence seulement à être pleinement reconnue et comprise.

Ce chapitre explore comment le sucre affecte l'anxiété, en examinant les mécanismes sous-jacents et en offrant des stratégies pour modérer sa consommation dans le but d'améliorer le bien-être mental.

Comprendre l'Effet du Sucre sur le Corps

Le sucre, en particulier le sucre raffiné et les glucides simples, peut avoir un impact profond sur notre état mental, influençant tout, de l'humeur à la capacité de gestion du stress.

Lors de la consommation de sucre, le corps subit une hausse rapide de la glycémie, suivie d'une chute tout aussi rapide. Cette fluctuation peut affecter notre énergie, notre humeur et notre anxiété.

Fluctuations de la glycémie : Ces hauts et bas rapides peuvent mener à des sentiments d'irritabilité, de fatigue et d'inquiétude, exacerbant les symptômes de l'anxiété.

Impact sur la neurotransmission : Le sucre peut également influencer la libération de certains neurotransmetteurs, tels que la sérotonine, contribuant à des altérations de l'humeur et potentiellement à une augmentation de l'anxiété.

Sucre et Anxiété : Ce que dit la Recherche

Des études récentes commencent à établir des liens entre la consommation excessive de sucre et des niveaux accrus d'anxiété. Bien que la relation soit complexe et que la recherche soit encore en cours, il est clair que le sucre joue un rôle dans la régulation de l'humeur et peut contribuer à l'anxiété de plusieurs manières :

Réponse inflammatoire : Le sucre peut induire une réponse inflammatoire dans le corps, qui est liée à une augmentation du risque de troubles de l'humeur, y compris l'anxiété.

Dépendance au sucre : La consommation de sucre active les mêmes zones du cerveau que les substances addictives, créant un cycle de craving et de retrait qui peut influencer l'état mental.

Stratégies pour Réduire l'Impact du Sucre sur l'Anxiété

Réduire la consommation de sucre peut être un élément clé dans la gestion de l'anxiété. Voici quelques stratégies pratiques pour modérer l'apport en sucre :

Identifier les sources de sucre : Apprenez à lire les étiquettes alimentaires pour identifier les sucres cachés dans les aliments transformés et emballés.

Augmenter l'apport en nutriments : Concentrez-vous sur une alimentation riche en légumes, fruits, protéines et graisses saines pour stabiliser la glycémie et fournir un soutien nutritionnel.

Trouver des alternatives saines : Explorez des options pour satisfaire les envies de sucre, comme les fruits frais, les noix ou les yaourts nature, qui offrent une douceur naturelle sans les pics de glycémie.

Gérer les Envies de Sucre

Les envies de sucre peuvent être un défi majeur dans la réduction de sa consommation. Comprendre et aborder ces envies est essentiel :

Identifier les déclencheurs émotionnels : Souvent, les envies de sucre sont liées à des émotions comme l'ennui, le stress, ou la tristesse. Reconnaître ces déclencheurs peut aider à trouver des stratégies alternatives pour y faire face.

Routine régulière de repas : Manger à intervalles réguliers peut aider à prévenir les baisses de glycémie qui déclenchent les envies de sucre.

Hydratation : Parfois, les signaux de soif peuvent être confondus avec des envies de sucre. Boire de l'eau régulièrement peut aider à distinguer ces besoins.

Développer une Conscience Alimentaire autour du Sucre

La prise de conscience de nos habitudes alimentaires est la première étape vers un changement significatif. Cela inclut une compréhension plus profonde de la manière dont le sucre est intégré dans notre alimentation quotidienne et les effets potentiels sur notre bien-être mental.

Éducation Nutritionnelle

Comprendre les différents types de sucre : Apprendre la différence entre les sucres naturels, présents dans les fruits et les légumes, et les sucres ajoutés, qui sont incorporés aux aliments pendant leur transformation ou préparation.

Identifier les sucres cachés : De nombreux aliments transformés contiennent des sucres ajoutés sous des noms différents. Savoir identifier ces termes sur les étiquettes alimentaires peut vous aider à faire des choix plus éclairés.

Stratégies de Remplacement

Alternatives naturelles au sucre : Utiliser des édulcorants naturels comme le miel, le sirop d'érable, ou les fruits secs en petites quantités peut satisfaire les envies de sucre sans les inconvénients des sucres raffinés.

Augmenter l'apport en fibres : Les fibres aident à ralentir l'absorption du glucose dans le sang, stabilisant ainsi les niveaux d'énergie et l'humeur. Inclure plus de légumes, de fruits entiers, et de grains entiers dans votre alimentation peut contribuer à une meilleure gestion de l'anxiété.

Cultiver des Habitudes Alimentaires Saines

Modifier les habitudes alimentaires peut être un défi, mais avec des stratégies intentionnelles, il est possible de réduire progressivement la dépendance au sucre et d'améliorer le bien-être mental.

Planification des Repas

Prévoir à l'avance : Planifier vos repas et collations peut vous aider à éviter les choix impulsifs riches en sucre. Inclure une variété d'aliments nutritifs et satisfaisants dans votre plan alimentaire quotidien peut réduire les envies de sucre.

Techniques de Gestion du Stress

Trouver des alternatives au sucre pour le réconfort : Rechercher d'autres formes de réconfort lors de moments de stress ou d'émotion peut aider à rompre le cycle de recherche de sucre pour le soulagement émotionnel. Pratiquer la méditation, l'exercice, ou passer du temps sur un hobby peut offrir des bénéfices sans les effets négatifs du sucre.

La Connexion entre l'Alimentation, l'Anxiété et le Mode de Vie

Adopter une approche holistique pour gérer l'anxiété comprend la reconnaissance de l'interaction entre notre alimentation, notre mode de vie, et notre santé mentale.

Sommeil et Exercice

Sommeil réparateur : Une bonne nuit de sommeil est essentielle pour la gestion de l'anxiété. Le sucre peut perturber la qualité du sommeil, il est donc bénéfique de limiter sa consommation, surtout avant le coucher.

Activité physique régulière : L'exercice peut non seulement aider à réguler l'humeur et réduire l'anxiété mais également diminuer les envies de sucre en offrant un soulagement naturel du stress.

Conclusion

La relation entre la consommation de sucre et l'anxiété est complexe, mais en développant une conscience autour de nos habitudes alimentaires et en choisissant des stratégies intentionnelles pour gérer l'apport en sucre, nous pouvons soutenir notre santé mentale et notre bien-être global.

L'éducation nutritionnelle, la planification des repas, et l'intégration de pratiques saines de gestion du stress et de style de vie sont des composantes clés pour atteindre cet équilibre.

En adoptant une approche holistique et consciente, nous pouvons travailler à réduire l'anxiété et à améliorer notre qualité de vie.

Chapitre 12 : Caféine, Alcool, et Anxiété

La consommation de caféine et d'alcool fait partie intégrante des habitudes culturelles et sociales de nombreuses sociétés. Bien que ces substances puissent offrir des avantages temporaires comme la stimulation ou la détente, leur impact sur l'anxiété et le bien-être mental nécessite une exploration approfondie.

Ce chapitre examine les effets de la caféine et de l'alcool sur l'anxiété, propose des stratégies pour gérer leur consommation et explore des alternatives plus saines.

Caféine : Un Double Tranchant

La caféine, un stimulant du système nerveux central présent dans le café, le thé, les boissons énergisantes, et le chocolat, est appréciée pour sa capacité à augmenter l'éveil et la concentration. Cependant, sa consommation excessive peut exacerber ou contribuer à l'anxiété.

Effets de la Caféine sur l'Anxiété

Stimulation de l'anxiété : La caféine peut augmenter le rythme cardiaque, la pression artérielle, et d'autres symptômes physiques du stress, amplifiant les sensations d'anxiété.

Cycle de dépendance : La dépendance à la caféine et les symptômes de sevrage peuvent créer un cycle de consommation qui perturbe le bien-être mental et physique.

Gérer la Consommation de Caféine

Réduire progressivement : Pour éviter les symptômes de sevrage, réduisez lentement votre consommation de caféine plutôt que de l'éliminer brusquement.

Attention aux sources cachées : Soyez conscient des sources moins évidentes de caféine, comme les sodas, le thé, et certaines médications.

L'Alcool : Une Fausse Solution à l'Anxiété

Bien que l'alcool puisse offrir une sensation de détente temporaire, son impact sur la santé mentale est complexe et souvent négatif, surtout en ce qui concerne l'anxiété.

Effets de l'Alcool sur l'Anxiété

Effet rebond : L'utilisation de l'alcool pour gérer l'anxiété peut entraîner un effet rebond, où l'anxiété s'intensifie à mesure que les effets de l'alcool s'estompent.

Perturbation du sommeil : L'alcool peut gravement perturber les cycles de sommeil, contribuant à l'augmentation de l'anxiété et à une diminution de la santé mentale globale.

Stratégies pour Réduire la Consommation d'Alcool

Fixez des limites claires : Déterminez des limites pour votre consommation d'alcool et engagez-vous à ne pas les dépasser.

Explorez des alternatives sans alcool : Les boissons sans alcool peuvent offrir une expérience sociale similaire sans les effets négatifs sur l'anxiété.

Alternatives Saines

Adopter des alternatives saines à la caféine et à l'alcool peut aider à réduire l'anxiété tout en soutenant le bien-être général.

Boissons Alternatives

Thés à base de plantes : Les tisanes, comme la camomille ou la menthe poivrée, offrent des effets calmants sans caféine.

Eaux aromatisées naturellement : Hydratez-vous avec de l'eau infusée de fruits ou d'herbes pour une alternative rafraîchissante et sans caféine.

Techniques de Relaxation

Pratiques de pleine conscience : La méditation, le yoga, et les techniques de respiration profonde peuvent offrir des moyens efficaces de gérer l'anxiété sans recourir à des substances.

Activité physique régulière : L'exercice peut réduire les niveaux d'anxiété et améliorer l'humeur de manière naturelle.

Approfondir la Compréhension de la Caféine et de l'Alcool

La relation entre la consommation de caféine et d'alcool et l'anxiété est complexe et peut varier considérablement d'une personne à l'autre. Explorer cette relation nécessite une attention particulière aux nuances individuelles et aux réactions personnelles.

Caféine : Écouter son Corps

Pour certaines personnes, même une petite quantité de caféine peut provoquer ou aggraver l'anxiété. Il est crucial de surveiller les effets personnels de la caféine et d'ajuster sa consommation en conséquence.

Journal alimentaire : Tenir un journal des boissons contenant de la caféine et noter tout changement dans les niveaux d'anxiété peut aider à identifier les liens spécifiques entre la consommation de caféine et les symptômes d'anxiété.

Alcool : Comprendre les Effets à Long Terme

Bien que l'alcool puisse sembler offrir une évasion temporaire de l'anxiété, son utilisation comme mécanisme d'adaptation peut entraîner des conséquences néfastes à long terme, notamment une dépendance et une anxiété accrue.

Recherche de soutien : Si vous luttez contre une consommation d'alcool problématique, chercher le soutien de groupes de soutien ou de professionnels de la santé mentale peut être une étape essentielle vers la récupération.

Stratégies Pratiques pour la Gestion de la Consommation

Modifier les habitudes liées à la caféine et à l'alcool peut être difficile, mais avec des stratégies intentionnelles, il est possible d'y parvenir tout en soutenant votre bien-être mental.

Alternatives Saines à la Caféine et à l'Alcool

Boissons décaféinées : Passer progressivement à des boissons décaféinées peut réduire les effets de la caféine sans éliminer complètement les rituels de consommation de café ou de thé.

Rituels relaxants : Créer des rituels de relaxation en fin de journée, comme un bain chaud ou la lecture, peut remplacer le recours à l'alcool pour la détente.

Créer un Environnement de Soutien

Entourage conscient : Partager vos objectifs de réduction de la consommation de caféine et d'alcool avec des amis et la famille peut vous aider à créer un environnement de soutien et à réduire les tentations.

Techniques de Gestion du Stress

Gestion proactive du stress : Développer des techniques de gestion du stress qui ne dépendent pas de la caféine ou de l'alcool est essentiel. Cela peut inclure l'exercice, la méditation, ou d'autres formes de soins personnels.

Considérations pour un Changement Durable

Embrasser le changement dans la consommation de caféine et d'alcool nécessite du temps et de la patience. Un engagement envers un changement progressif peut aider à faciliter une transition en douceur vers de nouvelles habitudes.

Fixer des objectifs réalistes : Se fixer des objectifs réalistes et réalisables peut aider à maintenir la motivation et à éviter la frustration.

Célébrer les petites victoires : Reconnaître et célébrer les progrès, même minimes, peut renforcer la résilience et encourager la poursuite des efforts de changement.

Conclusion

La gestion de la consommation de caféine et d'alcool joue un rôle crucial dans la régulation de l'anxiété et le soutien de la santé mentale.

Bien que la route vers la réduction de ces substances puisse présenter des défis, comprendre leurs effets et adopter des stratégies de gestion conscientes peut ouvrir la voie à une amélioration significative du bien-être.

En prenant des mesures intentionnelles et en cherchant du soutien au besoin, il est possible de créer un équilibre qui favorise à la fois la santé physique et mentale.

Chapitre 13 : Suppléments Alimentaires et Anxiété

Dans la quête du bien-être mental, les suppléments alimentaires sont souvent envisagés comme des outils complémentaires pour gérer l'anxiété.

Ce chapitre explore les différents suppléments étudiés pour leur potentiel à réduire l'anxiété, en soulignant l'importance d'une approche équilibrée et informée.

Introduction aux Suppléments et à l'Anxiété

Alors que le traitement et la gestion de l'anxiété reposent souvent sur des interventions psychologiques et, dans certains cas, pharmacologiques, l'intérêt grandit autour du rôle que peuvent jouer les suppléments alimentaires. Ces substances, allant des vitamines et minéraux aux extraits de plantes, promettent de soutenir le bien-être mental par des mécanismes variés.

Suppléments Couramment Utilisés pour l'Anxiété

Plusieurs suppléments ont été associés à une réduction des symptômes d'anxiété, bien que leur efficacité puisse varier d'une personne à l'autre et nécessite une exploration plus approfondie.

Magnésium : Minéral impliqué dans de nombreuses fonctions corporelles, le magnésium peut jouer un rôle dans la modulation de l'anxiété grâce à son effet sur le système nerveux.

Oméga-3 : Les acides gras oméga-3, présents dans les poissons gras et certains compléments, peuvent réduire l'inflammation et sont étudiés pour leur potentiel à améliorer les troubles de l'humeur et l'anxiété.

Théanine : Aminé trouvé principalement dans le thé vert, la théanine a montré des effets relaxants qui pourraient contribuer à la gestion de l'anxiété.

Extrait de millepertuis : Utilisé dans le traitement de la dépression légère à modérée, le millepertuis a également été étudié pour son impact sur l'anxiété, bien que son interaction avec d'autres médicaments nécessite une attention particulière.

CBD (Cannabidiol) : Le CBD, un composant non psychoactif du cannabis, attire l'intérêt pour ses potentiels effets anxiolytiques.

Considérations Importantes

Consultation professionnelle : Avant d'intégrer des suppléments à votre régime, une consultation avec un professionnel de santé est essentielle pour éviter les interactions médicamenteuses et assurer une approche sûre.

Recherche et qualité : Optez pour des suppléments de haute qualité et renseignez-vous sur les recherches soutenant leur utilisation pour l'anxiété.

Gestion des attentes : Les suppléments peuvent offrir un soutien complémentaire, mais ne remplacent pas les traitements établis pour l'anxiété.

Intégration des Suppléments dans une Approche Globale

Pour maximiser les bénéfices potentiels des suppléments dans la gestion de l'anxiété, leur utilisation doit s'inscrire dans une approche plus large comprenant :

Alimentation équilibrée : Une alimentation riche en fruits, légumes, protéines et grains entiers fournit les bases nécessaires à la santé mentale.

Mode de vie sain : L'exercice régulier, un sommeil de qualité, et des pratiques de réduction du stress comme la méditation peuvent amplifier les effets positifs des suppléments sur l'anxiété.

Approfondissement des Suppléments Spécifiques et Leurs Effets

Bien que certains suppléments aient montré un potentiel dans la gestion de l'anxiété, il est crucial de comprendre leur fonctionnement, leurs bénéfices potentiels et leurs limites.

Vitamine D

Rôle et Bénéfices : La vitamine D, souvent appelée la vitamine du soleil, joue un rôle crucial dans de nombreuses fonctions corporelles, y compris la santé mentale. Des niveaux adéquats de vitamine D sont associés à un risque réduit de dépression et peuvent également influencer l'anxiété.

Sources et Supplémentation : Outre l'exposition au soleil, la vitamine D peut être obtenue par l'alimentation (poissons gras, œufs) et par la supplémentation. Les personnes vivant dans des régions peu ensoleillées ou celles présentant des risques de déficience pourraient bénéficier de suppléments de vitamine D, après évaluation et recommandation médicale.

Probiotiques

Rôle et Bénéfices : Les probiotiques, ou bactéries bénéfiques, soutiennent la santé du microbiome intestinal, qui est étroitement lié à la santé mentale grâce à l'axe intestin-cerveau. La supplémentation en probiotiques peut aider à améliorer l'humeur et à réduire l'anxiété pour certaines personnes.

Considérations : Le choix de souches probiotiques spécifiques et leur dosage approprié sont essentiels pour maximiser les bénéfices, soulignant l'importance des conseils professionnels dans le choix des produits.

Adaptogènes

Rôle et Bénéfices : Les adaptogènes sont des plantes qui sont censées aider le corps à résister aux stress physiques et psychologiques. Des exemples incluent l'ashwagandha, le rhodiola et le ginseng sibérien. Bien que des recherches supplémentaires soient nécessaires, des études préliminaires suggèrent que certains adaptogènes peuvent réduire l'anxiété.

Utilisation : Comme avec tous les suppléments, l'utilisation d'adaptogènes doit être discutée avec un professionnel de la santé pour assurer leur sécurité et leur efficacité dans votre cas spécifique.

Évaluation Critique des Suppléments

Alors que l'intérêt pour les suppléments alimentaires comme aide à la gestion de l'anxiété augmente, il est vital d'aborder leur utilisation avec discernement.

Recherche et Efficacité

La base de preuves soutenant l'efficacité des suppléments varie grandement. Opter pour des suppléments bien étudiés et se tenir informé des dernières recherches peut aider à faire des choix éclairés.

Sécurité et Interactions

Les suppléments ne sont pas dénués de risques et peuvent interagir avec d'autres médicaments ou conditions médicales. Une évaluation médicale préalable est cruciale pour prévenir les effets indésirables.

Approche Holistique

Les suppléments ne devraient jamais remplacer les traitements médicaux ou psychologiques établis pour l'anxiété. Ils peuvent cependant servir de complément dans une stratégie de gestion globale incluant une alimentation équilibrée, de l'exercice régulier, des pratiques de relaxation, et un suivi médical adéquat.

Conclusion

L'utilisation de suppléments alimentaires présente un potentiel intéressant dans le cadre d'une approche intégrée de la gestion de l'anxiété. Toutefois, leur adoption doit être guidée par une compréhension approfondie de leur fonctionnement, une évaluation des preuves disponibles et une consultation professionnelle.

En considérant les suppléments comme une partie d'une stratégie plus large pour promouvoir le bien-être mental, il est possible de naviguer vers une santé mentale améliorée avec prudence et espoir.

Chapitre 14 : Introduction à la Cuisine Anti-Anxiété

Dans notre quête continue pour gérer l'anxiété et promouvoir le bien-être mental, l'alimentation joue un rôle crucial. Une approche de la cuisine anti-anxiété ne se limite pas à choisir des aliments spécifiques ; elle englobe également la manière dont nous préparons et apprécions nos repas.

Ce chapitre offre des conseils pratiques pour adopter une alimentation anti-anxiété et inclut des recettes simples pour commencer.

Principes de la Cuisine Anti-Anxiété

Priorité aux Aliments Entiers : Basez vos repas sur des aliments entiers non transformés, riches en nutriments essentiels pour le cerveau, comme les oméga-3, les vitamines B, et les antioxydants.

Inclusion des Ferments : Les aliments fermentés soutiennent la santé du microbiome intestinal, essentiel pour la régulation de l'humeur et la gestion de l'anxiété.

Hydratation Adéquate : L'eau est essentielle pour toutes les fonctions corporelles, y compris le maintien de l'équilibre chimique du cerveau. Intégrez des tisanes et des eaux infusées pour varier.

Réduction des Stimulants : Limitez la consommation de caféine et de sucre, qui peuvent exacerber l'anxiété, en faveur de sources d'énergie plus stables.

Conseils Pratiques pour la Préparation des Repas

Planification des Repas : Organisez vos repas à l'avance pour éviter le stress de la dernière minute et garantir une alimentation équilibrée tout au long de la semaine.

Cuisson en Pleine Conscience : Transformez la préparation des repas en une pratique de pleine conscience en vous concentrant sur les textures, les arômes, et le processus de cuisson.

Partage des Tâches : Impliquez la famille ou les colocataires dans la préparation des repas pour alléger la charge et rendre l'expérience plus agréable.

Recettes pour Commencer :

Salade de Quinoa aux Légumes et au Saumon

Ingrédients : 1 tasse de quinoa, 2 tasses d'eau, 1 concombre, 1 poivron rouge, 200g de saumon grillé, 1 avocat, jus de citron, huile d'olive, sel, poivre.

Préparation : Cuisez le quinoa dans l'eau. Laissez refroidir. Mélangez avec le concombre et le poivron coupés en dés, l'avocat en tranches, et le saumon émietté. Assaisonnez avec le jus de citron, l'huile d'olive, le sel et le poivre.

Smoothie Vert Apaisant

Ingrédients : 1 banane, ½ avocat, 1 tasse d'épinards frais, 1 cuillère à soupe de graines de chia, 1 tasse de lait d'amande, 1 cuillère à thé de miel (facultatif).

Préparation : Combine tous les ingrédients dans un mixeur et blend jusqu'à obtenir une consistance lisse. Ajustez la douceur avec du miel si désiré.

Techniques de Cuisine Apaisantes

La manière dont nous préparons nos repas peut également influencer notre état d'anxiété. Pratiquer la cuisine comme une forme de méditation ou de pleine conscience peut transformer le processus de préparation des repas en un moment de calme et de recentrage.

Cuisson Lente : Prendre le temps de cuisiner lentement, en appréciant chaque étape du processus, peut aider à ralentir l'esprit et à réduire le stress.

Aromathérapie Culinaire : Utiliser des herbes et des épices non seulement pour leurs bienfaits sur la santé mais aussi pour leurs propriétés aromatiques peut créer une expérience sensorielle apaisante.

Présentation Soignée : Prendre le temps de présenter joliment vos plats peut renforcer le sentiment de satisfaction et de bien-être.

Routines Alimentaires pour Réduire l'Anxiété

Établir des routines alimentaires régulières peut aider à stabiliser le métabolisme et à réduire les fluctuations de l'humeur et de l'énergie, contribuant ainsi à diminuer l'anxiété.

Petit-déjeuner Nutritif : Commencer la journée avec un petit-déjeuner équilibré, riche en protéines, fibres, et graisses saines pour stabiliser la glycémie et l'énergie.

Collations Réfléchies : Prévoir des collations nutritives entre les repas peut prévenir les baisses d'énergie et les fringales, souvent accompagnées d'anxiété.

Dîner Léger : Un dîner plus léger peut favoriser un meilleur sommeil, élément clé dans la gestion de l'anxiété.

Recettes Additionnelles :
Poulet au Citron et Thym avec Légumes Rôtis

Ingrédients : 4 poitrines de poulet, 2 citrons, 1 cuillère à soupe de thym frais, 2 courgettes, 2 carottes, huile d'olive, sel, poivre.

Préparation : Mariner le poulet avec le jus d'un citron, du thym, du sel, et du poivre. Laisser reposer pendant 30 minutes. Couper les légumes en bâtonnets et les mélanger avec de l'huile d'olive, du sel, et du poivre. Rôtir le poulet et les légumes au four à 200°C pendant 25-30 minutes.

Bouddha Bowl Apaisant

Ingrédients : ½ tasse de quinoa cuit, 1 poignée d'épinards frais, ½ avocat tranché, 1 petite betterave rôtie et coupée, ¼ de tasse de pois chiches rôtis, vinaigrette au citron et tahini.

Préparation : Assembler tous les ingrédients dans un grand bol. Arroser de vinaigrette au citron et tahini avant de servir.

Conclusion

La cuisine anti-anxiété est une approche holistique qui englobe la sélection d'aliments bénéfiques, des techniques de préparation apaisantes, et la création de routines alimentaires régulières. En intégrant ces principes, conseils pratiques, et recettes dans votre quotidien, vous pouvez favoriser un état d'esprit plus calme et résilient face à l'anxiété.

C'est une invitation à transformer votre relation avec la nourriture en une source de joie, de nutrition, et de soulagement dans votre parcours vers le bien-être mental.

Chapitre 15 : Manger en Pleine Conscience

Dans notre quête pour vaincre l'anxiété par l'alimentation, la pratique du Mindful Eating, ou manger en pleine conscience, offre une approche révolutionnaire qui transforme notre relation à la nourriture. Au-delà de ce que nous mangeons, c'est comment nous mangeons qui peut profondément influencer notre bien-être mental et physique.

Comprendre le Mindful Eating

Le Mindful Eating repose sur la pleine conscience, une pratique méditative qui nous invite à être totalement présents dans l'instant actuel. Appliquée à l'alimentation, elle nous encourage à porter une attention pleine et sans jugement à l'expérience de manger, à nos sensations de faim et de satiété, et à nos réponses émotionnelles à la nourriture.

Les Bénéfices du Mindful Eating sur l'Anxiété

Réduction de l'Anxiété Alimentaire : En nous focalisant sur l'acte de manger, nous apprenons à écouter notre corps, réduisant ainsi l'anxiété liée à la nourriture et aux régimes restrictifs.

Amélioration de la Digestion : Manger lentement et consciemment favorise une meilleure digestion, essentielle pour une santé optimale et la régulation de l'humeur.

Reconnexion avec la Joie de Manger : Redécouvrir le plaisir et la satisfaction dans l'acte de manger peut transformer notre rapport à la nourriture, de source d'anxiété en source de joie.

Pratiques Clés du Mindful Eating

Écoutez Votre Corps : Avant de manger, interrogez-vous sur votre faim réelle. Est-elle physique ou émotionnelle ? Apprendre à reconnaître cette différence est crucial.

Savourez Chaque Bouchée : Portez attention aux textures, aux arômes, aux saveurs. Cela peut intensifier l'expérience culinaire et vous aider à reconnaître quand vous êtes rassasié.

Mangez Sans Distraction : Évitez de manger devant un écran ou en faisant autre chose. Manger en pleine conscience signifie être pleinement engagé dans l'acte de manger.

Reconnaissez Vos Réponses : Observez sans jugement vos réactions émotionnelles à la nourriture. Cela peut vous aider à identifier et à modifier les habitudes alimentaires négatives.

Intégration du Mindful Eating au Quotidien

Débutez par un Repas par Jour : Choisissez un repas où vous vous engagez à manger en pleine conscience, en utilisant ce moment pour pratiquer et construire l'habitude.

Utilisez des Rappels : Des notes ou des alarmes peuvent vous rappeler de ralentir et d'être présent pendant vos repas.

Pratiquez la Gratitude : Prenez un moment avant de manger pour exprimer de la gratitude pour votre nourriture, sa source, et le soin apporté à sa préparation.

La pleine conscience appliquée à l'alimentation peut transformer notre rapport à la nourriture de diverses manières bénéfiques, en nous aidant à réduire l'anxiété et en renforçant notre bien-être mental. Voici comment continuer à intégrer cette approche de manière significative dans notre vie.

Créer des Rituels Autour des Repas

Commencez avec une Petite Méditation : Avant chaque repas, prenez un moment pour fermer les yeux, respirez profondément et exprimez de la gratitude pour le repas que vous allez consommer. Cela aide à centrer l'esprit et à préparer le corps à manger.

Manger en Silence : Essayez de dédier quelques repas par semaine à manger en silence total, sans distractions externes. Cela peut améliorer la qualité de votre attention à la nourriture et à vos sensations de faim et de satiété.

Écoute Attentive des Sensations Corporelles

Reconnaissez la Faim et la Satiété : Avant de commencer à manger, évaluez votre niveau de faim sur une échelle de 1 à 10. Faites de même après avoir mangé pour noter votre niveau de satiété. Cela favorise une meilleure régulation de la quantité de nourriture consommée.

Savourez Chaque Bouchée : Concentrez-vous sur les textures, les saveurs et les sensations que chaque bouchée apporte. Cela peut non seulement améliorer la digestion mais aussi augmenter la satisfaction alimentaire, réduisant ainsi la tendance à manger de manière excessive.

Pratique Régulière et Patience

Incorporer Graduellement : Introduisez le mindful eating progressivement dans votre routine, en commençant par un repas ou une collation par jour et augmentez la fréquence à mesure que vous devenez plus à l'aise avec la pratique.

Soyez Patient et Bienveillant : La pleine conscience est une pratique, et il est normal de rencontrer des distractions ou des difficultés. Si votre esprit vagabonde ou si vous vous surprenez à manger machinalement, reconnaissez-le sans jugement et ramenez doucement votre attention à votre repas.

Réflexion et Journalisation

Tenez un Journal Alimentaire et Émotionnel : Notez non seulement ce que vous mangez, mais aussi comment vous vous sentez avant et après les repas. Cela peut vous aider à identifier des modèles et à renforcer votre pratique du mindful eating en tant qu'outil de gestion de l'anxiété.

Conclusion

L'intégration du mindful eating dans notre quotidien ne concerne pas seulement la nourriture elle-même, mais également la manière dont nous nous engageons avec chaque repas.

En cultivant une attention pleine et délibérée sur nos habitudes alimentaires, nous pouvons améliorer notre relation avec la nourriture, réduire l'anxiété et favoriser un état de bien-être mental plus profond.

Le mindful eating nous invite à ralentir, à apprécier et à écouter notre corps, transformant chaque repas en une opportunité de nourrir à la fois notre corps et notre esprit.

Chapitre 16 : Gérer les Envies et les Fringales

Les envies et les fringales peuvent être de puissants déclencheurs d'anxiété alimentaire, menant souvent à des cycles de restriction et d'excès qui perturbent notre équilibre mental et physique.

Ce chapitre explore les origines de ces envies, offre des stratégies pour les gérer efficacement et soutient un rapport plus sain à la nourriture.

Comprendre les Envies

Les envies alimentaires ne sont pas simplement le résultat d'une volonté faible ; elles sont influencées par une variété de facteurs, y compris la biochimie corporelle, les émotions, l'environnement et même la culture. Identifier la source de ces envies est la première étape vers leur gestion.

Biochimie : Les déséquilibres hormonaux, comme ceux impliquant la leptine (hormone de la satiété) et la ghréline (hormone de la faim), peuvent augmenter les fringales.

Émotions : Le stress, l'anxiété, la tristesse et même la joie peuvent déclencher des envies spécifiques, souvent en lien avec des aliments réconfortants.

Habitudes et Associations : Les routines établies, comme manger du pop-corn au cinéma, peuvent créer des associations fortes qui déclenchent des envies.

Stratégies pour Gérer les Envies

Reconnaissance et Acceptation : Reconnaître que les envies sont une expérience normale peut réduire l'anxiété qu'elles génèrent. Acceptez l'envie sans jugement et explorez ce qui la sous-tend.

Distraction et Délai : Quand une envie survient, donnez-vous une période de délai, par exemple 10 minutes, durant laquelle vous vous engagez dans une autre activité distrayante. Souvent, l'envie s'atténue ou disparaît pendant ce temps.

Alimentation Consciente : Si vous décidez de céder à votre envie, faites-le de manière consciente. Asseyez-vous, éliminez les distractions et savourez chaque bouchée, en prêtant attention aux sensations et aux saveurs.

Substitution Saine : Recherchez des alternatives plus saines qui satisfont votre envie sans compromettre votre bien-être. Par exemple, si vous avez envie de sucré, optez pour des fruits frais ou des yaourts naturels agrémentés de miel.

Gestion des Émotions : Si vos envies sont liées à des émotions, explorez d'autres moyens de gérer ces émotions, comme la méditation, l'exercice, ou parler avec un ami ou un thérapeute.

Création d'un Environnement Favorable

Environnement Alimentaire : Gardez des aliments sains et nourrissants facilement accessibles chez vous et au travail. Éliminez ou limitez la disponibilité des aliments tentants qui déclenchent des fringales.

Planification des Repas : Planifier vos repas et collations peut réduire la probabilité de céder aux envies impulsives. Assurez-vous que vos plans incluent une variété d'aliments nutritifs et satisfaisants.

Soutien Social et Professionnel

Partage avec les Proches : Parler de vos défis avec les envies et les fringales avec des amis ou des membres de la famille peut vous apporter du soutien et des stratégies alternatives.

Aide Professionnelle : Si vos envies sont intenses et perturbent votre vie, envisagez de consulter un nutritionniste, un psychologue ou un professionnel de santé spécialisé dans les troubles alimentaires.

Établir des Routines Alimentaires Saines

La régularité dans les repas peut jouer un rôle crucial dans la réduction des envies impulsives. En nourrissant votre corps à intervalles réguliers, vous maintenez des niveaux stables de sucre dans le sang, ce qui peut diminuer la probabilité de fringales soudaines.

Petit-déjeuner Nourrissant : Commencez la journée par un repas équilibré qui inclut des protéines, des glucides complexes et des fibres pour une énergie soutenue.

Collations Planifiées : Intégrer des collations saines dans votre routine quotidienne peut vous aider à éviter les baisses d'énergie et les tentations impulsives.

Identifier et Remplacer les Déclencheurs

Les habitudes alimentaires ne sont pas uniquement influencées par la faim physique ; elles sont souvent déclenchées par des facteurs environnementaux ou émotionnels. Identifier ces déclencheurs peut vous aider à développer des stratégies spécifiques pour les gérer.

Journalisation : Tenir un journal alimentaire et émotionnel peut vous aider à identifier les motifs de vos envies. Notez ce que vous mangez, quand et comment vous vous sentez avant et après avoir mangé.

Remplacement Conscient : Une fois que vous avez identifié un déclencheur spécifique, travaillez à remplacer la réponse alimentaire par une activité non liée à l'alimentation qui répond à votre besoin émotionnel ou situationnel, comme faire une courte promenade ou pratiquer la respiration profonde.

Renforcer la Résilience Émotionnelle

La capacité à gérer les émotions sans se tourner vers la nourriture est essentielle pour contrôler les envies. Renforcer votre résilience émotionnelle vous permettra de faire face aux défis sans compromettre votre bien-être alimentaire.

Pratiques de Pleine Conscience : Des techniques telles que la méditation et la pleine conscience peuvent améliorer votre conscience émotionnelle et votre autogestion, réduisant ainsi le besoin de manger émotionnellement.

Soutien Émotionnel : Recherchez activement le soutien de proches ou de groupes de soutien pour partager vos expériences et apprendre des stratégies de gestion des émotions.

Cultiver la Flexibilité Alimentaire

Adopter une approche flexible de l'alimentation, qui évite les restrictions extrêmes et reconnaît que aucune nourriture n'est intrinsèquement "mauvaise", peut réduire la puissance des envies. La flexibilité vous aide à intégrer sainement vos aliments préférés dans votre alimentation.

Règle de l'Équilibre : Permettez-vous de profiter occasionnellement de vos aliments préférés en petites quantités, en les intégrant dans un cadre alimentaire global sain et équilibré.

Réflexion sur les Croyances Alimentaires : Remettez en question et réévaluez les croyances restrictives autour de certains aliments qui peuvent augmenter leur désirabilité et conduire à des fringales.

Conclusion

Gérer les envies et les fringales implique une approche multidimensionnelle qui tient compte de la complexité de notre relation avec la nourriture.

En cultivant la conscience de soi, la résilience émotionnelle, et en pratiquant la flexibilité alimentaire, nous pouvons créer un rapport plus sain et équilibré avec la nourriture.

Ces stratégies, combinées à un environnement alimentaire soutenant et à des routines régulières, peuvent nous aider à naviguer les défis des envies et des fringales de manière constructive, réduisant ainsi

l'anxiété liée à l'alimentation et favorisant un bien-
être global.

Chapitre 17 : Sommeil et Alimentation

La qualité de notre sommeil et notre alimentation sont étroitement liées, chacune ayant un impact significatif sur l'autre. Une alimentation équilibrée peut contribuer à un sommeil réparateur, tandis qu'un bon sommeil peut influencer positivement nos choix alimentaires et nos sensations de faim.

Ce chapitre explore les fondements de cette relation bidirectionnelle et propose des stratégies pour optimiser à la fois notre alimentation et notre sommeil, dans le but ultime de réduire l'anxiété et d'améliorer notre qualité de vie.

L'Impact de l'Alimentation sur le Sommeil

Les nutriments que nous consommons peuvent affecter directement la qualité de notre sommeil. Certaines substances et certains aliments ont la capacité de favoriser le sommeil, tandis que d'autres peuvent le perturber.

Aliments Favorisant le Sommeil : Certains aliments contiennent des nutriments qui peuvent aider à induire le sommeil. Les aliments riches en tryptophane, un acide aminé précurseur de la sérotonine et de la mélatonine, peuvent favoriser un sommeil de meilleure qualité. Parmi ces aliments, on trouve les produits laitiers, les œufs, les noix et les graines, ainsi que les viandes maigres.

Magnésium et Sommeil : Le magnésium est un autre nutriment essentiel qui a démontré sa capacité à améliorer la qualité du sommeil. Les sources alimentaires de magnésium comprennent les légumes à feuilles vertes, les noix, les graines et les grains entiers.

L'Effet des Hydrates de Carbone : Les repas riches en hydrates de carbone peuvent induire somnolence et fatigue, particulièrement s'ils sont consommés en grande quantité avant le coucher. Cependant, une petite portion d'hydrates de carbone complexes, consommée quelques heures avant le coucher, peut aider à améliorer la qualité du sommeil.

Les Perturbateurs du Sommeil dans l'Alimentation

Caféine : Stimulant bien connu, la caféine peut considérablement perturber le sommeil, particulièrement lorsqu'elle est consommée en fin de journée.

Il est conseillé de limiter sa consommation de caféine après le milieu de l'après-midi.

Alcool : Bien que l'alcool puisse initialement induire un sentiment de somnolence, il est souvent responsable de perturbations du sommeil, y compris des réveils fréquents et une diminution de la qualité du sommeil profond.

Aliments Riches en Graisses et Sucres : Les aliments lourds, gras ou très sucrés peuvent perturber le sommeil, causant de l'inconfort digestif et de l'agitation nocturne.

Stratégies pour Optimiser l'Alimentation en Faveur du Sommeil

Pour améliorer la qualité du sommeil à travers l'alimentation, il est important d'adopter une approche équilibrée et consciente.

Dîner Léger et Nutritif : Un repas léger mais nutritif, consommé 2 à 3 heures avant le coucher, peut favoriser un meilleur sommeil. Il devrait inclure un bon équilibre de protéines maigres, d'hydrates de carbone complexes et de légumes.

Limitation des Liquides en Soirée : Pour éviter les réveils nocturnes dus à des besoins d'aller aux toilettes, il peut être utile de limiter sa consommation de liquides dans les heures précédant le coucher.

Infusions et Tisanes : Certaines infusions, comme la camomille ou la tisane de valériane, sont reconnues pour leurs propriétés relaxantes et peuvent être intégrées dans la routine du soir.

L'Impact du Sommeil sur l'Alimentation

Un sommeil insuffisant ou de mauvaise qualité peut entraîner des répercussions significatives sur nos choix alimentaires et nos comportements alimentaires. La privation de sommeil est associée à une augmentation de l'appétit, à des envies d'aliments riches en graisses et en sucre, et à une tendance à l'excès alimentaire.

Régulation Hormonale : Le manque de sommeil perturbe la production des hormones régulant l'appétit, la ghréline et la leptine, conduisant à une augmentation de la faim et une diminution de la sensation de satiété.

Choix Alimentaires : La fatigue résultant d'un mauvais sommeil peut diminuer notre capacité à faire des choix alimentaires sains, nous rendant plus susceptibles de céder à des envies d'aliments réconfortants et caloriques.

L'Influence du Sommeil sur les Choix Alimentaires

Tandis que nous avons déjà discuté de comment l'alimentation peut affecter le sommeil, il est tout aussi crucial de reconnaître que la qualité et la quantité de notre sommeil influencent directement nos choix alimentaires et nos comportements liés à l'alimentation. Un sommeil insuffisant ou de mauvaise qualité peut mener à des choix alimentaires moins sains, augmentant ainsi le risque de développer de l'anxiété ou exacerbant les symptômes existants.

Augmentation de l'Appétit : La privation de sommeil affecte les hormones régulant l'appétit, la ghréline et la leptine, conduisant à une augmentation de la faim et une préférence pour les aliments riches en calories, en graisses et en sucres.

Choix Alimentaires et Humeur : La fatigue liée à un mauvais sommeil peut également diminuer notre capacité à prendre des décisions saines et augmenter la recherche de gratification immédiate à travers des aliments "réconfortants".

Stratégies pour Améliorer la Qualité du Sommeil

Améliorer la qualité de notre sommeil est essentiel pour soutenir des choix alimentaires sains et gérer l'anxiété. Voici quelques stratégies pratiques :

Routine de Coucher : Établir une routine relaxante avant le coucher peut aider à signaler au corps qu'il est temps de se reposer. Cela peut inclure des activités comme lire, prendre un bain chaud, ou pratiquer la méditation.

Environnement de Sommeil : Optimiser votre environnement de sommeil pour le rendre frais, sombre et calme. Investir dans un bon matelas et des oreillers peut également contribuer à un meilleur sommeil.

Limitez les Écrans : La lumière bleue émise par les écrans de téléphones, tablettes et ordinateurs peut perturber la production de mélatonine, l'hormone du sommeil. Limitez l'utilisation de ces appareils avant le coucher.

Nutrition pour un Sommeil Réparateur

En complément des pratiques de sommeil saines, certaines modifications alimentaires peuvent encourager un sommeil réparateur :

Aliments Riches en Tryptophane : Inclure dans votre dîner des aliments riches en tryptophane, comme la dinde, le fromage, ou les noix, peut aider à améliorer la qualité du sommeil grâce à la production de sérotonine et de mélatonine.

Évitez les Repas Lourds : Manger des repas lourds ou épicés peu de temps avant de se coucher peut causer de l'inconfort et perturber le sommeil. Préférez un dîner léger et laissez un intervalle de quelques heures avant d'aller dormir.

Réduction de Stimulants : Limitez la consommation de caféine et d'alcool, surtout dans les heures précédant le coucher, pour éviter de perturber votre cycle de sommeil.

Interconnexion Sommeil-Alimentation-Anxiété

L'interaction entre le sommeil et l'alimentation joue un rôle crucial dans la gestion de l'anxiété. Un sommeil de qualité soutient des décisions alimentaires saines, tandis qu'une alimentation équilibrée peut améliorer la qualité du sommeil. Ensemble, ces éléments forment un cercle vertueux renforçant notre bien-être mental et physique.

Adopter une approche holistique qui considère à la fois nos habitudes de sommeil et nos choix alimentaires peut nous aider à construire une fondation solide pour réduire l'anxiété et promouvoir une vie plus équilibrée et sereine. En restant attentif aux signaux de notre corps et en mettant en pratique ces stratégies, nous pouvons améliorer significativement notre santé globale.

Compléments Alimentaires pour le Sommeil

Bien que l'alimentation et les routines jouent un rôle primordial dans la qualité du sommeil, l'utilisation de compléments alimentaires peut parfois être bénéfique, surtout en cas de déficiences nutritionnelles spécifiques ou de difficultés à dormir persistantes.

Magnésium : Ce minéral favorise la relaxation des muscles et peut améliorer la qualité du sommeil, surtout chez les personnes avec un faible apport en magnésium.

Mélatonine : Prise en complément, elle peut aider à réguler le cycle veille-sommeil, particulièrement utile lors de voyages ou pour ceux qui travaillent en horaires décalés.

Camomille et Valériane : Ces herbes ont des propriétés calmantes et peuvent être prises sous forme de tisanes pour favoriser un sommeil réparateur.

Il est important de consulter un professionnel de santé avant d'intégrer ces compléments à votre routine, surtout si vous prenez d'autres médicaments ou avez des conditions de santé sous-jacentes.

Conclusion

Le sommeil et l'alimentation sont deux piliers essentiels de notre bien-être, étroitement liés et influençant mutuellement notre santé mentale et physique. Une mauvaise qualité de sommeil peut conduire à des choix alimentaires moins sains, augmentant ainsi le risque d'anxiété, tandis qu'une alimentation déséquilibrée peut perturber notre sommeil. En adoptant des stratégies visant à améliorer à la fois notre alimentation et notre sommeil, nous pouvons créer un cercle vertueux qui soutient notre bien-être général et notre santé mentale.

Reconnaître et agir sur l'interconnexion entre sommeil, alimentation et anxiété peut nous aider à construire des fondations solides pour une vie équilibrée et épanouie. En prêtant attention à nos habitudes de sommeil, en faisant des choix alimentaires conscients et en intégrant au besoin des compléments alimentaires recommandés par des professionnels, nous pouvons significativement améliorer notre qualité de vie, réduire l'anxiété et favoriser un état de bien-être durable.

Chapitre 18 : Activité Physique et Anxiété

Dans le labyrinthe des stratégies pour combattre l'anxiété, l'activité physique émerge comme une voie lumineuse, non seulement pour son impact bien documenté sur la santé physique mais aussi pour ses bénéfices considérables sur la santé mentale.

Ce chapitre explore comment le mouvement et l'exercice peuvent devenir des alliés puissants dans notre quête pour atténuer l'anxiété et favoriser un bien-être global.

L'Impact Physiologique de l'Exercice sur l'Anxiété

L'exercice physique déclenche une cascade d'événements biochimiques bénéfiques qui ont un impact direct sur notre état mental :

Libération d'Endorphines : Ces "hormones du bonheur" sont des analgésiques naturels produits par le cerveau en réponse à la douleur et au stress. L'exercice stimule leur libération, procurant une sensation de bien-être et une réduction de l'anxiété.

Réduction du Cortisol : L'activité physique régulière peut diminuer les niveaux de cortisol, l'hormone du stress, contribuant à atténuer les sentiments d'anxiété.

Amélioration du Sommeil : L'exercice contribue à un sommeil plus profond et réparateur, un élément crucial pour réguler l'humeur et diminuer l'anxiété.

Augmentation de la Neurogenèse : L'activité physique favorise la croissance de nouveaux neurones dans le cerveau, en particulier dans l'hippocampe, une région impliquée dans la régulation des émotions.

Types d'Exercices Bénéfiques pour l'Anxiété

Tous les types d'activité physique peuvent contribuer à réduire l'anxiété, mais certains peuvent être particulièrement efficaces :

Aérobique : Courir, nager, faire du vélo, ou toute activité qui augmente le rythme cardiaque peut aider à diminuer rapidement les niveaux d'anxiété.

Yoga : Le yoga combine les postures physiques, la méditation, et la respiration profonde, aidant à réduire le stress et à promouvoir la relaxation.

Marche : Une forme d'exercice douce et accessible, la marche peut être particulièrement bénéfique pour l'esprit, surtout si elle est pratiquée dans la nature.

Musculation : Soulever des poids ou utiliser des bandes de résistance peut non seulement renforcer le corps mais aussi apporter un sentiment d'accomplissement et réduire l'anxiété.

Intégrer l'Exercice dans la Routine Quotidienne

L'un des défis majeurs est d'intégrer l'activité physique de manière régulière et durable dans nos vies souvent trépidantes. Voici quelques stratégies pour y parvenir :

Fixez des Objectifs Réalistes : Commencez petit et augmentez progressivement l'intensité et la durée de l'exercice pour éviter le découragement.

Trouvez une Activité que Vous Aimez : La clé pour maintenir une routine d'exercice est de trouver une activité qui vous procure du plaisir.

Planifiez vos Sessions d'Exercice : Intégrez l'exercice à votre emploi du temps comme n'importe quel autre engagement important.

Associez l'Exercice à des Habitudes Existantes : Accrochez votre activité physique à une habitude bien établie, comme marcher pendant votre pause déjeuner.

La Dimension Sociale de l'Exercice

L'aspect social de l'activité physique peut également jouer un rôle crucial dans la réduction de l'anxiété :

Exercice en Groupe : Participer à des cours de groupe ou des activités sportives peut offrir un soutien social et augmenter la motivation.

Partenaires d'Exercice : Trouver un ami ou un membre de la famille pour vous accompagner dans vos activités peut rendre l'exercice plus agréable et augmenter la probabilité de persévérance. Le soutien social est un puissant motivateur, et partager des objectifs de santé et de bien-être peut rendre le processus moins intimidant et plus réalisable. De plus, s'engager dans une activité physique avec d'autres peut également fournir un sentiment de connexion et de communauté, essentiel pour combattre l'isolement souvent associé à l'anxiété.

La Consistance Avant l'Intensité

Pour ceux qui débutent ou reprennent une activité physique après une longue pause, il est crucial de se concentrer sur la régularité plutôt que sur l'intensité ou la durée de l'exercice. Créer une routine d'exercice durable est plus bénéfique pour la gestion à long terme de l'anxiété que des séances sporadiques mais intenses. L'objectif est d'intégrer l'activité physique comme une composante régulière de votre vie, en trouvant un équilibre qui ne surcharge pas votre emploi du temps ni ne met votre corps sous une pression excessive.

Activités Douces pour les Jours Difficiles

Il est important de reconnaître que certains jours, l'anxiété peut rendre particulièrement difficile la réalisation d'exercices vigoureux. Dans ces moments, des pratiques plus douces et centrées sur la relaxation peuvent être particulièrement bénéfiques. Le yoga, la marche dans la nature, ou même des séances de stretching peuvent aider à apaiser l'esprit tout en apportant les avantages physiologiques de l'exercice. Ces activités peuvent également servir de pont pour retourner progressivement à des exercices plus intenses à mesure que l'anxiété diminue.

Écouter Votre Corps

L'écoute active de votre corps est essentielle pour adapter votre activité physique à vos besoins de gestion de l'anxiété. Il est important de reconnaître les signaux de votre corps indiquant à la fois le besoin de mouvement et le besoin de repos. Ignorer ces signaux peut non seulement augmenter le risque de blessures mais aussi potentiellement aggraver l'anxiété.

L'Importance de la Patience

La patience est un élément clé dans l'utilisation de l'exercice comme outil de gestion de l'anxiété. Les bienfaits de l'activité physique sur l'anxiété ne sont pas immédiats et nécessitent une pratique régulière et soutenue. Il est important d'adopter une perspective à long terme et de reconnaître chaque pas en avant, aussi petit soit-il, dans votre parcours vers le bien-être.

Développement d'une Routine Équilibrée

La création d'une routine d'exercice équilibrée est essentielle pour maximiser ses effets bénéfiques sur l'anxiété. Une approche holistique, combinant des exercices cardiovasculaires, de la musculation, des pratiques de flexibilité et de relaxation, peut fournir un soutien complet pour la santé mentale et physique.

Diversification des Activités : Varier les types d'exercices peut non seulement prévenir l'ennui, mais aussi s'assurer que tous les aspects de la santé sont pris en charge. Par exemple, alterner entre la course, le yoga, et la musculation tout au long de la semaine peut offrir un équilibre entre endurance, flexibilité, et force.

Intégration de la Pleine Conscience : Incorporer des pratiques de pleine conscience dans l'exercice, comme le yoga ou le tai-chi, peut améliorer la connexion corps-esprit et renforcer la présence mentale, réduisant ainsi l'anxiété.

Importance du Repos et de la Récupération

Le repos et la récupération sont aussi importants que l'activité physique elle-même. Des périodes de repos adéquates permettent au corps de se réparer et de se renforcer, minimisant le risque de blessure et d'épuisement, tout en contribuant à une meilleure gestion de l'anxiété.

Écoutez les Signaux de Fatigue : Prenez des jours de repos lorsque votre corps vous indique qu'il en a besoin, et n'hésitez pas à ajuster votre intensité d'exercice en fonction de votre niveau d'énergie et de stress.

Pratiques de Récupération : Intégrez des pratiques de récupération, telles que les étirements post-exercice, les bains chauds, ou le massage, pour soutenir la relaxation musculaire et la diminution de l'anxiété.

Le Rôle du Soutien Professionnel

Pour ceux qui trouvent difficile de commencer ou de maintenir une routine d'exercice à cause de l'anxiété, ou pour ceux qui ont des besoins spécifiques, le soutien professionnel peut être extrêmement bénéfique.

Consultation avec un Spécialiste du Fitness : Un entraîneur personnel ou un spécialiste du fitness avec une expérience dans la gestion de l'anxiété peut personnaliser un programme d'exercices qui tient compte de vos besoins et objectifs personnels.

Thérapie par l'Exercice : Des professionnels de santé, comme les physiothérapeutes ou les psychologues spécialisés dans la thérapie par l'exercice, peuvent offrir des conseils précieux et un soutien pour intégrer l'activité physique comme un outil de gestion de l'anxiété.

Conclusion

L'intégration de l'activité physique dans un plan global de gestion de l'anxiété demande une approche équilibrée qui respecte les limites du corps, reconnaît l'importance de la diversité et de la régularité des exercices, et comprend les périodes de repos comme éléments essentiels du processus.

L'engagement dans une routine d'exercice adaptée peut non seulement réduire significativement les niveaux d'anxiété, mais aussi améliorer la qualité de vie globale, renforçant ainsi le sentiment de bien-être et d'accomplissement personnel.

Chapitre 19 : Techniques de Relaxation

Dans notre quête pour vaincre l'anxiété, la capacité à se relaxer et à gérer efficacement le stress s'avère cruciale. Ce chapitre explore diverses techniques de relaxation et stratégies de gestion du stress qui, lorsqu'intégrées dans notre quotidien, peuvent significativement réduire l'anxiété et améliorer notre qualité de vie.

La Respiration Profonde

L'une des techniques les plus immédiates et efficaces pour induire la relaxation est la respiration profonde. Elle aide à ralentir le rythme cardiaque et à diminuer la pression sanguine, procurant ainsi un état de calme.

Pratique : Trouvez un endroit calme et asseyez-vous confortablement. Fermez les yeux et prenez conscience de votre respiration. Respirez profondément par le nez, en gonflant l'abdomen, puis expirez lentement par la bouche. Répétez cette séquence pendant plusieurs minutes.

La Méditation Pleine Conscience

La méditation pleine conscience nous enseigne à être présents dans l'instant, sans jugement. En focalisant notre attention sur notre respiration, nos pensées, sensations corporelles ou sons environnants, nous apprenons à observer sans réagir, ce qui peut diminuer significativement le stress et l'anxiété.

Pratique : Débutez avec de courtes sessions de 5 à 10 minutes par jour, en vous asseyant dans une position confortable et en portant attention à votre respiration ou en focalisant votre esprit sur un objet de méditation.

La Visualisation

La technique de visualisation implique de se concentrer sur des images mentales apaisantes pour transiter vers un état de relaxation profonde. C'est une méthode puissante pour échapper aux stress du quotidien et induire un état de calme.

Pratique : Imaginez un lieu qui vous inspire tranquillité et sérénité. Utilisez tous vos sens pour rendre cette expérience aussi réelle que possible. Ressentez la chaleur du soleil sur votre peau, écoutez les sons de ce lieu, sentez les arômes environnants.

Le Yoga et le Tai-chi

Ces pratiques ancestrales combinent mouvements physiques, techniques respiratoires et méditation pour réduire le stress et améliorer la santé mentale. Elles favorisent l'équilibre entre le corps et l'esprit et peuvent être particulièrement bénéfiques dans la gestion de l'anxiété.

Pratique : Engagez-vous dans des cours pour débutants ou utilisez des ressources en ligne pour commencer. Même quelques postures ou mouvements simples, pratiqués régulièrement, peuvent avoir un impact positif.

L'Écriture Réflexive

L'écriture réflexive permet d'exprimer des pensées et des sentiments, contribuant à clarifier l'esprit et à réduire le stress. C'est un moyen efficace pour traiter les émotions et trouver des solutions aux problèmes rencontrés.

Pratique : Prenez un moment chaque jour pour écrire dans un journal. Notez vos pensées, vos inquiétudes, et également les moments de gratitude. Cela peut aider à mettre les choses en perspective et à réduire l'anxiété.

Les Techniques de Relaxation Musculaire Progressive

Cette méthode implique de tendre puis de relâcher successivement différents groupes musculaires du corps. Cette alternance permet de prendre conscience des sensations de tension et de relaxation, favorisant ainsi un état de détente profonde.

Pratique : Commencez par les muscles des pieds et remontez progressivement jusqu'à la tête, en contractant chaque groupe musculaire pendant quelques secondes avant de le relâcher.

La Gestion du Temps

Une gestion efficace du temps peut réduire le stress en diminuant la sensation d'être débordé et en augmentant le sentiment de contrôle sur sa vie. L'apprentissage de techniques de gestion du temps permet de prioriser les tâches, de définir des objectifs réalisables et de réduire la procrastination.

Pratique : Commencez par établir une liste de tâches avec des priorités claires. Utilisez des outils de planification tels que des agendas ou des applications pour organiser votre temps. Apprenez à dire non à des engagements non essentiels pour protéger votre temps et réduire le stress.

Établir des Routines de Bien-être

Des routines quotidiennes peuvent servir de fondation à un sentiment général de bien-être et de stabilité, réduisant ainsi l'anxiété. Cela peut inclure des moments dédiés à l'exercice, à la méditation, aux loisirs, ou simplement à des périodes de repos.

Pratique : Identifiez les activités qui vous apportent le plus de bien-être et intégrez-les de manière cohérente dans votre emploi du temps. La régularité est la clé pour établir des habitudes bénéfiques à long terme.

Développer un Réseau de Soutien

Le soutien social est un élément clé dans la gestion du stress et de l'anxiété. Parler de ses inquiétudes et de ses sentiments avec des amis de confiance, des membres de la famille ou des professionnels peut offrir un exutoire important et fournir de nouvelles perspectives sur des situations stressantes.

Pratique : Cultivez des relations de qualité plutôt que de quantité. Participez à des groupes ou des activités qui vous permettent de rencontrer des personnes partageant des intérêts communs. Envisagez de travailler avec un thérapeute ou un conseiller si vous avez besoin d'un soutien supplémentaire pour gérer votre anxiété.

L'Alimentation Consciente

La manière dont nous mangeons peut aussi jouer un rôle dans notre niveau de stress et d'anxiété. Adopter une alimentation consciente en prêtant attention aux signaux de faim et de satiété de notre corps, et en choisissant des aliments qui nourrissent tant le corps que l'esprit, peut avoir un impact positif.

Pratique : Prenez le temps de manger sans distraction, en appréciant chaque bouchée. Évitez de manger en réponse au stress et concentrez-vous sur une alimentation équilibrée riche en nutriments qui soutiennent le bien-être mental.

La Nature comme Thérapie

Le simple fait de passer du temps dans la nature peut réduire significativement le stress et améliorer l'humeur. L'exposition à des espaces verts, même pour de courtes périodes, peut diminuer la production d'hormones de stress et augmenter le sentiment de relaxation.

Pratique : Essayez de faire de courtes promenades quotidiennes dans un parc, jardinez, ou trouvez un coin tranquille à l'extérieur pour lire. La clé est de se permettre régulièrement une immersion dans un environnement naturel.

Conclusion

Intégrer ces techniques de relaxation et de gestion du stress dans votre vie quotidienne peut vous aider à naviguer plus sereinement à travers les défis quotidiens et à réduire votre niveau général d'anxiété. Rappelez-vous que la pratique régulière est essentielle pour en ressentir les bienfaits.

Commencez petit, en incorporant progressivement ces habitudes dans votre routine, et ajustez selon ce qui résonne le plus avec vos besoins personnels. La gestion du stress et de l'anxiété est un processus continu, mais avec les outils adéquats, il est possible d'améliorer significativement votre qualité de vie.

Chapitre 20 : Journal Alimentaire et Émotionnel

La prise de conscience et la compréhension de nos habitudes alimentaires et de leur impact sur notre état émotionnel sont essentielles dans la gestion de l'anxiété. Le journal alimentaire et émotionnel se présente comme un outil puissant dans ce voyage de découverte, permettant d'identifier des modèles, de reconnaître les déclencheurs alimentaires et émotionnels, et d'apporter des ajustements bénéfiques à notre bien-être.

L'Importance du Journal Alimentaire et Émotionnel

Tenir un journal alimentaire et émotionnel aide à établir des liens entre ce que nous mangeons et comment nous nous sentons. Cette pratique peut révéler des habitudes alimentaires spécifiques ou des choix qui exacerbent l'anxiété, ainsi que des aliments qui contribuent à un état de bien-être. De plus, elle permet de conscientiser les comportements alimentaires impulsifs ou émotionnels, ouvrant la voie à des stratégies de gestion plus saines.

Comment Tenir un Journal Alimentaire et Émotionnel

Enregistrement Régulier : Notez quotidiennement ce que vous mangez, y compris les types d'aliments, les quantités, les heures des repas, et les snacks.

Notez Vos Émotions : À côté de vos entrées alimentaires, documentez vos états émotionnels avant et après avoir mangé. Cela inclut les sentiments de stress, d'anxiété, de joie, ou de tristesse.

Contexte des Repas : Consignez où vous mangez et avec qui, ainsi que toute activité ou événement précédant vos repas et snacks. Cela peut aider à identifier les situations ou les interactions sociales qui influencent vos choix alimentaires et votre état émotionnel.

Réactions Physiques : Notez toute réaction physique après avoir mangé, comme de la fatigue, de l'énergie accrue, des problèmes digestifs, ou des changements d'humeur.

Analyser Votre Journal pour Identifier les Modèles

Après plusieurs semaines de suivi, examinez votre journal pour déceler des tendances ou des corrélations entre vos habitudes alimentaires et vos émotions. Cherchez des modèles répétitifs qui pourraient indiquer quels aliments ou quelles situations exacerbent ou atténuent votre anxiété. Cette analyse peut révéler des insights précieux pour ajuster votre alimentation en faveur d'un meilleur équilibre émotionnel.

Stratégies pour une Alimentation Consciente Basée sur Votre Journal

Modifications Alimentaires : Armé des connaissances acquises grâce à votre journal, commencez à faire des changements dans votre alimentation. Cela peut inclure la réduction ou l'élimination des aliments qui semblent augmenter votre anxiété et l'intégration d'aliments qui favorisent la sérénité et le bien-être.

Pratiques de Pleine Conscience : Intégrez des pratiques de pleine conscience lors des repas, en vous concentrant sur les sensations de l'alimentation – le goût, l'arôme, la texture – et sur la gratitude pour la nourriture que vous consommez. Cela peut aider à réduire l'alimentation émotionnelle et à favoriser une relation plus saine avec la nourriture.

Gestion des Émotions : Utilisez votre journal pour développer des stratégies de gestion des émotions qui ne dépendent pas de la nourriture. Cela peut inclure des activités comme le sport, la méditation, ou le temps passé avec des amis ou de la famille comme moyens de gérer le stress et l'anxiété.

Soutien Professionnel : Si vous découvrez des défis persistants ou des schémas problématiques dans votre journal, envisagez de consulter un professionnel de la santé mentale ou un nutritionniste pour obtenir un soutien personnalisé.

Ces experts peuvent vous aider à élaborer des stratégies alimentaires et émotionnelles ciblées pour gérer votre anxiété de manière plus efficace.

Fixer des Objectifs Réalistes

En vous basant sur les découvertes de votre journal, fixez des objectifs alimentaires et émotionnels clairs et réalisables. Que ce soit incorporer plus de légumes à feuilles dans vos repas, réduire progressivement la consommation de caféine, ou pratiquer la méditation cinq minutes par jour, des objectifs spécifiques peuvent guider vos efforts vers une meilleure gestion de l'anxiété.

Petits Changements : Commencez avec de petits ajustements plutôt que de tenter de révolutionner votre régime alimentaire ou votre gestion émotionnelle du jour au lendemain. Les petits succès peuvent motiver des changements plus importants et plus durables.

Célébrez les Progrès : Prenez le temps de reconnaître et de célébrer vos progrès, même mineurs. Chaque pas en avant est une victoire dans votre parcours vers un meilleur bien-être.

Le Rôle de l'Alimentation dans la Gestion du Stress

Votre journal peut révéler l'importance cruciale de l'alimentation non seulement dans la gestion de l'anxiété mais aussi dans celle du stress global.

Une alimentation équilibrée, riche en nutriments essentiels, peut servir de fondation à une réponse plus résiliente au stress, en soutenant à la fois la santé physique et mentale.

Aliments Anti-Stress : Identifiez et intégrez régulièrement des aliments connus pour leurs propriétés anti-stress, comme les aliments riches en oméga-3, le magnésium et les antioxydants. Ces nutriments peuvent aider à moduler la réponse de votre corps au stress.

Hydratation : Ne sous-estimez pas le pouvoir de l'hydratation sur votre état émotionnel. Une hydratation adéquate peut améliorer la concentration et diminuer les sensations de stress.

Équilibre et Flexibilité

Tout en poursuivant les objectifs identifiés grâce à votre journal, il est important de maintenir un équilibre et une flexibilité dans votre approche.

La gestion de l'anxiété à travers l'alimentation et les émotions ne signifie pas suivre un régime strict ou se priver de plaisirs. Au contraire, il s'agit de trouver un équilibre qui soutient votre bien-être global.

Écoutez Votre Corps : Continuez à écouter les signaux de votre corps et ajustez votre alimentation en conséquence. Votre journal peut vous aider à rester connecté à ces signaux et à reconnaître ce qui fonctionne le mieux pour vous.

Études de Cas et Témoignages

Explorer les expériences personnelles peut fournir des perspectives uniques et des stratégies concrètes qui ont été bénéfiques pour d'autres, offrant inspiration et encouragement pour votre propre parcours.

Cas de Julia : Reconnaître les Aliments Déclencheurs

Julia a commencé à tenir un journal alimentaire et émotionnel après avoir remarqué une augmentation de son anxiété en fin de journée. En documentant ses repas et ses émotions, elle a identifié une corrélation entre sa consommation de café l'après-midi et ses niveaux d'anxiété en soirée. En réduisant sa consommation de café et en la remplaçant par des tisanes, elle a constaté une diminution notable de son anxiété.

Cas de Marc : La Pleine Conscience dans les Repas

Marc se sentait souvent stressé et mangeait de manière impulsive, sans vraiment prêter attention à sa faim ou à ses choix alimentaires. En intégrant la pleine conscience dans ses repas grâce à son journal, il a appris à s'accorder avec son corps, à reconnaître la satiété et à faire des choix alimentaires plus intentionnels, ce qui a réduit son stress lié à l'alimentation.

Conseils pour Optimiser la Tenue d'un Journal Alimentaire et Émotionnel

Intégration de la Pleine Conscience : Avant de manger, prenez un moment pour évaluer votre niveau de faim et d'anxiété. Cela peut aider à manger de manière plus consciente et à identifier les motifs émotionnels derrière vos choix alimentaires.

Réflexion Hebdomadaire : Prenez du temps chaque semaine pour relire votre journal et réfléchir aux patterns qui émergent. Cette pratique peut vous aider à planifier des ajustements dans votre alimentation et votre gestion émotionnelle pour la semaine à venir.

Partage avec un Professionnel : Si vous travaillez avec un nutritionniste, un thérapeute, ou un autre professionnel de santé, partagez vos observations avec eux. Ils peuvent offrir des insights supplémentaires et des recommandations personnalisées basées sur votre journal.

Envisager la Technologie

Avec l'avancement de la technologie, plusieurs applications mobiles offrent maintenant des fonctionnalités pour tenir un journal alimentaire et émotionnel numériquement. Ces outils peuvent rendre la pratique plus accessible et interactive, offrant des moyens de suivre votre alimentation, vos émotions, et même vos progrès au fil du temps. Explorer ces options technologiques peut ajouter une dimension supplémentaire à votre pratique et faciliter le suivi régulier.

Conclusion

La tenue d'un journal alimentaire et émotionnel se révèle être un outil précieux dans la compréhension et la gestion de l'anxiété. À travers l'exploration des liens entre l'alimentation, les émotions, et le stress, cette pratique encourage une approche holistique et consciente du bien-être.

Les témoignages et les études de cas soulignent l'efficacité de cette méthode pour identifier les déclencheurs spécifiques et développer des stratégies personnalisées pour un équilibre émotionnel et alimentaire.

En adoptant cette pratique réfléchie, vous pouvez non seulement améliorer votre relation avec la nourriture et avec vous-même, mais aussi découvrir des voies vers une gestion plus efficace de l'anxiété. C'est en reconnaissant et en agissant sur ces interconnexions profondes que nous pouvons avancer vers un bien-être holistique et durable.

Chapitre 21 : Cas Pratiques de Gestion de l'Anxiété

L'alimentation joue un rôle significatif dans la façon dont nous expérimentons et gérons l'anxiété. Cet axiome, bien que largement reconnu, prend vie à travers les expériences personnelles de ceux qui ont cherché à modifier leurs habitudes alimentaires dans le but de réduire leur anxiété.

Les cas pratiques présentés ici illustrent la diversité des approches et des résultats obtenus, offrant un aperçu précieux des stratégies efficaces pour intégrer une alimentation consciente dans la gestion de l'anxiété.

Cas de Laura : Rééquilibrage Alimentaire

Laura, 34 ans, a souffert d'anxiété modérée pendant plusieurs années, se tournant souvent vers des aliments réconfortants riches en sucre et en graisses dans les moments de stress. Cependant, elle a remarqué que ces habitudes alimentaires semblaient exacerber son anxiété au fil du temps. Avec l'aide d'un nutritionniste, Laura a entrepris un rééquilibrage alimentaire, se concentrant sur une alimentation riche en légumes, fruits, protéines maigres, et grains entiers, tout en limitant les sucres raffinés et les aliments hautement transformés.

Stratégies Adoptées : Laura a commencé par intégrer plus de fruits et légumes dans chaque repas, choisissant des snacks sains comme des noix et des yaourts nature au lieu de confiseries. Elle a également travaillé sur l'identification de ses déclencheurs émotionnels et a développé des stratégies alternatives pour gérer le stress, telles que la marche et le yoga.

Résultats : Après plusieurs mois, Laura a noté une réduction significative de ses niveaux d'anxiété. Elle a également rapporté une amélioration de son énergie globale et de sa qualité de sommeil.

Cas de Damien : L'Importance de l'Hydratation

Damien, un homme de 29 ans aux prises avec des épisodes d'anxiété aiguë, a découvert l'importance cruciale de l'hydratation sur son bien-être mental. Après avoir lu sur les effets de la déshydratation sur l'anxiété, Damien a décidé d'augmenter sa consommation d'eau, visant à boire au moins 2 litres d'eau par jour, tout en réduisant sa consommation de boissons caféinées et alcoolisées.

Stratégies Adoptées : Pour rendre cette transition plus facile, Damien a commencé à porter une bouteille d'eau réutilisable, s'assurant ainsi de boire régulièrement tout au long de la journée. Il a également inclus des aliments riches en eau, comme le concombre et le melon, dans son alimentation.

Résultats : Damien a remarqué une diminution notable de ses symptômes d'anxiété en l'espace de quelques semaines. Il a également rapporté se sentir plus alerte et énergique tout au long de la journée.

Cas de Sarah : Réduction de la Caféine

Sarah, 42 ans, a constaté que sa consommation quotidienne de plusieurs tasses de café exacerbait ses sensations d'anxiété et de nervosité. Reconnaissant l'impact de la caféine sur son bien-être mental, elle a pris la décision consciente de réduire progressivement sa consommation de caféine.

Stratégies Adoptées : Sarah a commencé par remplacer une de ses tasses de café du matin par du thé vert, qui contient moins de caféine. Elle a progressivement introduit des tisanes et des eaux aromatisées dans sa routine, diminuant ainsi sa dépendance à la caféine.

Résultats : En l'espace de deux mois, Sarah a réussi à limiter sa consommation de café à une petite tasse par jour. Elle a remarqué une réduction notable de ses niveaux d'anxiété, en particulier dans les situations qui auparavant provoquaient des réponses stressantes. De plus, Sarah a découvert qu'elle dormait mieux la nuit et se sentait généralement plus calme tout au long de la journée.

Cas de Amir : Introduction des Oméga-3 et Aliments Anti-inflammatoires

Amir, âgé de 27 ans, souffrant d'anxiété chronique, a lu sur les bienfaits potentiels des acides gras oméga-3 et des aliments anti-inflammatoires sur la santé mentale. Déterminé à essayer une approche naturelle pour gérer son anxiété, il a décidé d'ajuster son alimentation en conséquence.

Stratégies Adoptées : Amir a intégré plus de poissons gras comme le saumon et les sardines dans ses repas, en plus d'ajouter des graines de lin et des noix à son alimentation quotidienne. Il a également augmenté sa consommation de fruits et légumes riches en antioxydants, tels que les baies et les épinards.

Résultats : Après quelques mois, Amir a ressenti une amélioration significative de son humeur générale et de ses niveaux d'anxiété. Il a également noté une augmentation de son énergie et une meilleure concentration, ce qu'il attribue à sa nouvelle alimentation enrichie en nutriments anti-inflammatoires et oméga-3.

Cas de Elena : Équilibrage des Macros et Attention à l'Indice Glycémique

Elena, 38 ans, a remarqué que ses niveaux d'anxiété fluctuaient souvent en corrélation avec ses habitudes alimentaires, particulièrement après la consommation de repas lourds ou d'aliments à indice glycémique élevé. Elle a donc choisi de se concentrer sur un équilibrage plus attentif de ses macros et sur le choix d'aliments à indice glycémique bas.

Stratégies Adoptées : Elena a commencé à planifier ses repas pour inclure une bonne balance de protéines, de lipides et de glucides complexes à chaque repas, en évitant les sucres simples et les aliments transformés autant que possible. Elle s'est également efforcée de manger à des heures régulières pour maintenir la stabilité de sa glycémie.

Résultats : Cette nouvelle approche alimentaire a conduit à une réduction notable de l'anxiété chez Elena, avec des améliorations dans sa gestion de l'humeur et dans sa capacité à faire face au stress quotidien. Elle a également rapporté se sentir plus satisfaite après les repas, sans les pics et chutes de glycémie qu'elle expérimentait auparavant.

Conclusion

Ces cas pratiques illustrent l'impact profond que peut avoir l'alimentation sur l'anxiété, montrant qu'avec des ajustements conscients et personnalisés, il est possible d'utiliser la nourriture comme un outil efficace pour améliorer le bien-être mental. Ces témoignages soulignent l'importance de l'individualisation de l'approche nutritionnelle, rappelant que ce qui fonctionne pour une personne peut ne pas être idéal pour une autre.

En poursuivant une exploration des habitudes alimentaires à travers un prisme de gestion de l'anxiété, il devient évident que la nourriture ne sert pas seulement à nourrir le corps de manière physique, mais possède également le potentiel de nourrir l'esprit.

L'adoption d'une alimentation consciente, centrée sur des choix alimentaires sains et réfléchis, peut servir de pierre angulaire dans une stratégie globale de gestion de l'anxiété, offrant une voie vers un équilibre émotionnel et une santé mentale renforcée.

Chapitre 22 : Faire Face aux Rechutes

La gestion de l'anxiété par l'alimentation est un voyage qui, comme tout parcourt de changement, peut être marqué par des défis, des obstacles, et parfois des rechutes.

Ce chapitre aborde la réalité de ces difficultés et offre des stratégies pratiques pour les surmonter, en se concentrant sur la résilience, l'adaptabilité, et le soutien continu dans votre quête d'un équilibre et d'un bien-être durable.

Reconnaître les Défis

Les rechutes ou les périodes de difficulté ne sont pas des signes d'échec, mais plutôt des étapes naturelles du processus de changement. Que ce soit un retour aux anciennes habitudes alimentaires en période de stress, une difficulté à maintenir de nouvelles routines, ou simplement un sentiment d'être submergé par les choix et les informations, ces moments de lutte sont courants.

Normaliser les Hauts et les Bas : Comprenez que les fluctuations dans votre motivation et votre capacité à maintenir de nouvelles habitudes sont normales. Ces expériences ne définissent pas votre succès global ni ne limitent votre capacité à progresser à long terme.

Stratégies de Gestion

Planification pour la Prévention : Anticiper les situations potentiellement difficiles et planifier à l'avance peut aider à minimiser les impacts. Cela peut inclure la préparation de repas sains à l'avance, l'identification de stratégies de gestion du stress non liées à l'alimentation, ou la mise en place de routines de pleine conscience pour aider à naviguer dans les moments difficiles.

Soutien Social : S'entourer d'un réseau de soutien compréhensif peut fournir une aide précieuse durant les périodes difficiles. Que ce soient des amis, de la famille, ou des groupes de soutien en ligne, partager vos expériences et recevoir des encouragements peut renforcer votre résilience.

Flexibilité et Adaptabilité : Adopter une approche flexible envers l'alimentation et la gestion de l'anxiété permet d'ajuster vos stratégies en fonction de vos besoins et circonstances changeants. Cela signifie aussi se pardonner lors des rechutes et reconnaître chaque petit progrès comme une victoire.

Apprentissage Continu : Chaque défi offre une opportunité d'apprendre et de grandir. Prenez le temps de réfléchir aux circonstances qui ont mené à une difficulté particulière et utilisez ces informations pour ajuster votre approche.

Vers la Résilience

Développer la Résilience Mentale : La résilience mentale est la clé pour naviguer à travers les hauts et les bas de la gestion de l'anxiété. Cela implique le développement de compétences telles que la pensée positive, la pleine conscience, et la gratitude, qui peuvent toutes contribuer à un état d'esprit plus résilient.

Stratégies de Pleine Conscience : Intégrer la pleine conscience dans votre routine quotidienne peut aider à maintenir une connexion entre le corps et l'esprit, facilitant la reconnaissance et la gestion des signes précoces de stress ou d'anxiété.

Éducation Nutritionnelle Continue : Approfondir votre compréhension de l'impact de l'alimentation sur l'anxiété et le bien-être mental peut renforcer votre engagement envers des choix alimentaires sains. La recherche continue, les ateliers, ou les consultations avec des professionnels de la nutrition peuvent tous contribuer à cet apprentissage.

Retour aux Bases

Quand vous vous sentez submergé ou que vous faites face à une rechute, revenir aux fondamentaux de votre plan de bien-être peut aider. Cela peut signifier se concentrer sur des aspects simples mais essentiels de l'alimentation, comme l'hydratation, les repas équilibrés, ou la réduction de la consommation de stimulants comme la caféine.

Réévaluation des Objectifs : Prenez le temps de revoir vos objectifs de bien-être. Sont-ils toujours réalistes et alignés avec votre situation de vie actuelle ? Ajuster vos objectifs pour les rendre plus accessibles peut réduire le sentiment d'être submergé et renouveler votre motivation.

Techniques de Gestion du Stress

Développer et maintenir un ensemble de techniques de gestion du stress qui ne dépendent pas exclusivement de l'alimentation est crucial. Cela peut inclure des activités comme la méditation, l'exercice régulier, les loisirs créatifs, ou passer du temps dans la nature.

Ces activités peuvent servir de contrepoids aux moments de stress, réduisant la probabilité de se tourner vers des comportements alimentaires contre-productifs.

Soutien Professionnel

Il est important de se rappeler que le soutien professionnel est une ressource précieuse, surtout lors des périodes difficiles. Que ce soit pour ajuster votre approche nutritionnelle, explorer des stratégies de gestion du stress, ou travailler sur des problèmes sous-jacents contribuant à l'anxiété, les professionnels peuvent offrir des insights et un soutien adapté à vos besoins uniques.

Thérapie : Considérez la thérapie comme une option pour travailler sur des problèmes émotionnels ou comportementaux plus profonds liés à l'anxiété et à l'alimentation. La thérapie cognitivo-comportementale, en particulier, peut être efficace pour aborder les schémas de pensée et de comportement qui contribuent à l'anxiété.

Cultiver la Compassion envers Soi

Pratiquer l'autocompassion est fondamental dans les moments de lutte. Reconnaître que vous faites de votre mieux et vous donner la permission d'être imparfait peut alléger le fardeau de l'anxiété et ouvrir la voie à une approche plus douce et plus soutenue du bien-être.

Dialogue Intérieur Positif : Soyez attentif à votre dialogue intérieur. Remplacer les jugements ou critiques par des messages de soutien et d'encouragement peut renforcer votre estime de soi et votre résilience face aux défis.

L'Importance de la Réflexion Personnelle

La réflexion personnelle joue un rôle crucial dans le processus de gestion de l'anxiété. Prendre le temps de réfléchir régulièrement à vos expériences, émotions, et réactions peut vous aider à mieux comprendre vos déclencheurs d'anxiété et à identifier les stratégies qui fonctionnent le mieux pour vous.

Journal de Réflexion : En plus de votre journal alimentaire et émotionnel, tenir un journal de réflexion peut vous aider à déballer vos pensées et sentiments plus profondément, à clarifier vos motivations, et à reconnaître les patterns dans votre relation avec la nourriture et l'anxiété.

La Nutrition Comme Partie d'un Plan Holistique

Il est essentiel de reconnaître que, bien que la nutrition soit un puissant outil pour la gestion de l'anxiété, elle doit être considérée comme partie intégrante d'un plan de bien-être plus large. Ce plan peut inclure le soin physique, émotionnel, et spirituel, soulignant que la santé et le bien-être sont multidimensionnels.

Approche Intégrée : Intégrer des pratiques de bien-être complémentaires, comme l'exercice physique, la méditation, et les soins personnels réguliers, peut amplifier les effets bénéfiques de votre alimentation sur l'anxiété.

Établir des Attentes Réalistes

Établir des attentes réalistes envers vous-même et le processus est vital. Le progrès est souvent non linéaire, et il peut y avoir des périodes où les choses semblent stagner ou même régresser. Reconnaître et accepter cela comme une partie normale du voyage peut aider à maintenir une perspective saine et à éviter la frustration.

Célébrer les Petites Victoires : Prenez le temps de célébrer les petites victoires et les progrès, même s'ils semblent mineurs. Chaque pas en avant est un pas vers un meilleur bien-être.

La Résilience Face aux Changements de la Vie

La vie est en constante évolution, et des changements inattendus peuvent parfois perturber vos stratégies de gestion de l'anxiété. Cultiver la résilience et l'adaptabilité vous permet de naviguer ces changements avec grâce et de maintenir votre engagement envers vos objectifs de bien-être, même en période de turbulence.

Adaptation et Flexibilité : Soyez prêt à adapter votre plan de bien-être aux nouvelles circonstances, restant ouvert aux ajustements nécessaires pour continuer à soutenir votre santé mentale et physique.

Conclusion

Les rechutes et les difficultés sur le chemin de la gestion de l'anxiété par l'alimentation ne sont pas des indicateurs d'échec, mais plutôt des opportunités d'apprentissage et de croissance.

En adoptant une approche bienveillante et proactive, en cherchant un soutien adapté, et en restant engagé envers votre bien-être, vous pouvez naviguer ces périodes avec confiance et continuer à progresser vers vos objectifs de santé mentale.

La clé est de rester flexible, ouvert à l'ajustement de vos stratégies, et de vous rappeler que chaque jour offre une nouvelle possibilité de bien-être et d'équilibre.

Chapitre 23 : La Famille et l'Alimentation

La lutte contre l'anxiété est souvent perçue comme un parcours personnel, centré sur l'individu. Cependant, l'environnement familial et les habitudes alimentaires partagées jouent un rôle crucial dans ce processus.

Ce chapitre explore comment la famille peut influencer et soutenir les efforts individuels et collectifs vers une alimentation qui contribue à la réduction de l'anxiété, offrant des stratégies pour adopter ensemble une approche alimentaire anti-anxiété.

L'Impact de l'Environnement Familial sur l'Alimentation

L'environnement familial façonne nos premières expériences alimentaires, nos préférences et nos habitudes, influençant profondément notre rapport à la nourriture tout au long de la vie. Dans le contexte de l'anxiété, cette influence peut se manifester de plusieurs manières :

Modèles Alimentaires : Les parents et les membres de la famille servent de modèles pour les comportements alimentaires. Les habitudes saines ou moins saines adoptées au sein de la famille peuvent influencer les choix alimentaires des enfants et des adolescents, ainsi que leur gestion de l'anxiété par l'alimentation.

Soutien Emotionnel : La famille peut offrir un soutien émotionnel dans la gestion de l'anxiété, notamment en encourageant des choix alimentaires sains, en partageant les repas, et en discutant ouvertement des défis liés à l'anxiété.

Gestion du Stress : Les routines familiales, y compris les habitudes alimentaires, peuvent contribuer à réduire ou à exacerber le stress familial. Un environnement familial détendu et positif peut favoriser des choix alimentaires bénéfiques pour la santé mentale.

Stratégies pour une Alimentation Familiale Anti-Anxiété

Intégrer une approche anti-anxiété dans l'alimentation familiale nécessite une planification et une coopération. Voici quelques stratégies pour y parvenir :

Éducation Alimentaire Partagée : Organisez des sessions d'apprentissage en famille sur les bienfaits de certains aliments et sur l'importance de l'alimentation pour la santé mentale. Cela peut inclure la lecture de livres, la participation à des ateliers ou la recherche en ligne ensemble.

Cuisiner Ensemble : Impliquez tous les membres de la famille dans la préparation des repas. Cela peut être une activité de liaison qui encourage également l'adoption de choix alimentaires sains.

Planification des Repas en Famille : Planifiez ensemble les repas de la semaine, en veillant à inclure des aliments qui soutiennent la gestion de l'anxiété, comme les légumes à feuilles vertes, les poissons gras, et les céréales complètes.

Manger en Pleine Conscience : Pratiquez l'alimentation en pleine conscience en famille, en prenant le temps de savourer les repas, d'apprécier les saveurs, et de reconnaître les sensations de faim et de satiété.

Créer un Environnement Soutenant

Établir des Routines Alimentaires Positives : Des routines régulières de repas peuvent fournir un sentiment de sécurité et de stabilité, contribuant à réduire l'anxiété.

Réduire les Aliments Anxiogènes : Travaillez ensemble pour minimiser la présence dans le foyer d'aliments susceptibles d'exacerber l'anxiété, tels que les sucreries et les boissons caféinées.

Soutien Emotionnel : Encouragez les discussions ouvertes sur les sentiments, y compris l'anxiété, et comment l'alimentation peut jouer un rôle dans la gestion des émotions.

Favoriser l'Adaptabilité et l'Expérimentation

Expérimentation Culinaire : Encouragez l'expérimentation avec de nouveaux aliments et recettes qui peuvent soutenir la santé mentale. Cela peut rendre le processus d'adoption d'une alimentation anti-anxiété plus ludique et moins contraignant.

Adaptabilité des Repas : Reconnaître que les goûts et les préférences peuvent varier au sein de la famille et adapter les repas pour accommoder tout le monde sans compromettre les principes d'une alimentation saine.

Soutien Mutuel et Responsabilité Partagée

Soutien Mutuel : Renforcez le soutien mutuel dans la gestion de l'anxiété, en rappelant les choix alimentaires sains lors des courses ou des repas et en partageant les responsabilités de préparation des repas.

Responsabilité Partagée : Encouragez tous les membres de la famille à prendre part à la responsabilité de maintenir une alimentation saine, qu'il s'agisse de choisir des aliments lors des courses ou de participer à la cuisine.

Communication Ouverte et Encouragement

Partage d'Expériences : Partagez vos expériences individuelles sur comment l'alimentation affecte votre anxiété et votre bien-être général, favorisant ainsi une atmosphère de compréhension et d'empathie.

Encouragement Positif : Pratiquez l'encouragement positif plutôt que la critique en ce qui concerne les choix alimentaires, ce qui peut aider à renforcer la confiance en soi et à encourager les efforts continus vers une alimentation saine.

Intégration de l'Alimentation Anti-Anxiété dans la Vie Sociale et Culturelle

Traditions Familiales : Intégrez des aliments et pratiques anti-anxiété dans les traditions familiales, telles que les célébrations et les rassemblements, pour renforcer leur valeur au sein de la famille.

Éducation au-delà de la Famille : Partagez les connaissances et les pratiques d'alimentation anti-anxiété avec des amis et d'autres membres de la communauté, élargissant ainsi le cercle de soutien et d'influence positive.

La Planification Alimentaire comme Activité Familiale

La planification des repas peut devenir une activité familiale collaborative qui non seulement simplifie la gestion de l'alimentation saine mais renforce également le sentiment d'appartenance et de participation de chaque membre.

En impliquant tous les membres de la famille dans le processus de décision, de la sélection des recettes à la préparation des listes de courses, chaque personne se sent investie dans les choix alimentaires et plus ouverte à explorer des options saines.

Ateliers de Planification des Repas : Organiser des réunions hebdomadaires pour discuter des menus, en tenant compte des activités et des engagements de chacun, peut aider à créer un plan alimentaire qui accommode les besoins et préférences de tous, tout en intégrant des choix anti-anxiété.

Déléguer les Tâches : Assigner des rôles et des responsabilités, comme la préparation des ingrédients ou la mise en table, peut encourager la coopération et offrir des occasions d'apprentissage et de développement des compétences.

Nourrir l'Esprit Autant que le Corps

L'importance de nourrir l'esprit autant que le corps est une notion clé dans la création d'un environnement familial qui soutient la gestion de l'anxiété. Cela signifie reconnaître que les repas ne sont pas seulement des occasions de s'alimenter mais aussi des moments privilégiés pour échanger, partager des expériences, et renforcer les liens émotionnels.

Soirées à Thème : Organiser des soirées à thème autour de la nourriture peut être un excellent moyen de rendre les repas plus engageants et éducatifs. Explorer ensemble les cuisines du monde peut ouvrir des discussions sur différentes cultures, offrant ainsi des perspectives enrichissantes et des expériences culinaires variées.

Soutien Extérieur et Ressources

Reconnaître quand chercher du soutien extérieur et où trouver des ressources peut être vital, surtout si les défis liés à l'anxiété dépassent la capacité de gestion au sein de la famille. Que ce soit à travers des consultations avec des diététiciens spécialisés, la participation à des groupes de soutien, ou l'accès à des programmes éducatifs sur la nutrition et la santé mentale, les familles peuvent trouver des orientations précieuses pour renforcer leurs efforts.

Ressources en Ligne et Locales : De nombreux sites web, applications, et organisations locales offrent des informations, des ateliers, et des conseils sur l'alimentation saine et la gestion de l'anxiété. Tirer parti de ces ressources peut enrichir la compréhension et les pratiques alimentaires de la famille.

Engager la Famille dans le Bien-être Global

L'engagement de la famille dans le bien-être global reconnaît que la gestion de l'anxiété à travers l'alimentation est une composante d'un style de vie plus vaste qui valorise la santé physique, mentale, et émotionnelle. Encourager des activités qui favorisent la détente, le mouvement, la créativité, et la connexion avec la nature peut compléter les bénéfices d'une alimentation anti-anxiété.

Activités Bien-être Familiales : Planifier régulièrement des activités comme des randonnées, des séances de yoga familial, ou des projets créatifs peut renforcer le sentiment de bien-être et offrir des stratégies supplémentaires pour gérer l'anxiété ensemble.

Conclusion

Le parcours vers la gestion de l'anxiété à travers l'alimentation est enrichi et soutenu par l'implication familiale. En adoptant une approche collaborative, éducative, et soutenue vers l'alimentation et le bien-être, les familles peuvent non seulement naviguer ensemble les défis liés à l'anxiété mais aussi tisser des liens plus forts et bâtir une fondation solide pour une santé mentale et physique durable.

Les stratégies et perspectives discutées dans ce chapitre visent à encourager chaque membre de la famille à participer activement à ce voyage, reconnaissant que le soutien mutuel et l'engagement partagé sont essentiels pour atteindre un équilibre émotionnel et une qualité de vie améliorée pour tous.

L'engagement dans une alimentation consciente et dans des pratiques de bien-être qui soutiennent la gestion de l'anxiété ne se limite pas à l'individu ; il s'étend et se renforce au sein du cadre familial.

En partageant des expériences, des défis, et des succès, les familles peuvent cultiver un environnement où la santé mentale est valorisée et activement nourrie, où l'alimentation devient un lien vers une meilleure compréhension de soi et des autres, et où chaque repas peut être une occasion de renforcer le bien-être collectif.

La dynamique familiale, avec ses particularités et ses défis uniques, offre une opportunité inestimable d'intégrer la gestion de l'anxiété dans les aspects quotidiens de la vie, faisant de l'alimentation une porte d'entrée vers une approche plus holistique de la santé.

En reconnaissant et en embrassant la complexité de ces interactions, les familles peuvent transformer leurs habitudes alimentaires en puissants outils de guérison et de soutien mutuel.

Ce voyage partagé vers la gestion de l'anxiété par l'alimentation souligne l'importance de la patience, de la persévérance, et de la compassion envers soi-même et envers les autres.

Il rappelle que, bien que le chemin puisse être semé d'obstacles, les efforts conjoints et la détermination peuvent mener à des changements profonds et durables, non seulement dans la manière de manger mais dans l'ensemble du mode de vie familial.

En fin de compte, l'objectif est de créer un espace familial où chacun se sent soutenu dans sa quête de bien-être, où l'alimentation saine est une joie partagée, et où l'anxiété peut être abordée avec ouverture, compréhension et soin.

Les leçons apprises et les habitudes formées ensemble dans ce processus ont le potentiel d'enrichir la vie familiale bien au-delà du cadre de l'alimentation, contribuant à un héritage de santé mentale et physique positive pour les générations à venir.

Ainsi, alors que les familles continuent de naviguer dans leur parcours unique, ce chapitre les invite à reconnaître la puissance de leur unité dans la lutte contre l'anxiété, à célébrer les petits succès au quotidien, et à rester engagées dans un dialogue constant et bienveillant sur leur bien-être collectif et individuel. C'est dans cette collaboration et ce soutien mutuel que réside la véritable force pour surmonter l'anxiété et pour bâtir ensemble un avenir plus serein et épanoui.

Chapitre 24 : Alimentation et Anxiété chez les Enfants

L'anxiété n'est pas une expérience réservée aux adultes ; les enfants et les adolescents y sont également confrontés, souvent de manière intense.

Dans ce chapitre, nous explorerons l'impact de l'alimentation sur l'anxiété chez les jeunes, en soulignant l'importance d'une nutrition adéquate pour le développement du cerveau, le bien-être émotionnel, et la gestion de l'anxiété. Nous fournirons des conseils pratiques pour aider les parents et les soignants à soutenir les jeunes par le biais de l'alimentation.

Comprendre l'Impact de l'Alimentation sur les Jeunes

Le cerveau des enfants et des adolescents est en développement constant, nécessitant un apport équilibré en nutriments essentiels pour soutenir ce processus. Les carences nutritionnelles ou les habitudes alimentaires malsaines peuvent avoir un impact significatif sur leur santé mentale, incluant l'anxiété.

Nutriments Clés : Les acides gras oméga-3, les vitamines B, le fer, le zinc, et les antioxydants sont particulièrement importants pour le développement cérébral et la régulation de l'humeur.

Effets du Sucre et de la Caféine : La consommation excessive de sucre et de produits contenant de la caféine peut entraîner des fluctuations de l'énergie et de l'humeur, exacerbant potentiellement l'anxiété chez les jeunes.

Stratégies Alimentaires pour Réduire l'Anxiété

Repas Équilibrés et Réguliers : Assurer que les enfants et les adolescents consomment des repas réguliers et équilibrés peut aider à stabiliser leur glycémie et à soutenir une humeur constante.

Inclusion de Superaliments : Intégrer des aliments riches en nutriments bénéfiques pour le cerveau, tels que les fruits de mer riches en oméga-3, les légumes à feuilles vertes, les noix, et les grains entiers.

Hydratation : Encourager une consommation adéquate d'eau pour soutenir la fonction cognitive et la gestion de l'anxiété.

Conseils pour les Parents et les Soignants

Modélisation de Comportements Sains : Les adultes jouent un rôle crucial dans l'établissement des habitudes alimentaires des jeunes en modélisant des choix alimentaires sains.

Éducation Nutritionnelle : Enseigner aux enfants et adolescents l'importance d'une alimentation saine de manière engageante et accessible peut les encourager à faire des choix alimentaires conscients.

Éviter les Commentaires Négatifs sur l'Alimentation : Les commentaires sur le poids, la taille, ou les habitudes alimentaires peuvent contribuer à l'anxiété et à des troubles de l'alimentation. Il est important de promouvoir une image corporelle positive et une relation saine avec la nourriture.

Création d'un Environnement Alimentaire Positif

Repas en Famille : Les repas pris en commun offrent une opportunité de renforcer les liens, de discuter de la journée et de réduire l'anxiété.

Implication dans la Préparation des Repas : Impliquer les jeunes dans la préparation des repas peut augmenter leur intérêt pour une alimentation saine et leur donner un sentiment de contrôle sur leur bien-être.

Sensibilisation aux Troubles Alimentaires

La sensibilité aux signes précurseurs de troubles alimentaires est vitale, surtout chez les adolescents.

L'anxiété peut parfois conduire à des comportements alimentaires problématiques comme la restriction alimentaire, la suralimentation, ou l'utilisation de la nourriture comme mécanisme de coping.

Les parents et les soignants doivent être attentifs à ces comportements et chercher un soutien professionnel si nécessaire.

Dialogue Ouvert : Encourager un dialogue ouvert sur les émotions et les comportements liés à l'alimentation peut aider à identifier et à aborder les problèmes avant qu'ils ne s'aggravent.

Éducation sur la Diversité Corporelle : Enseigner aux jeunes la diversité des corps et promouvoir l'acceptation de soi peut réduire la pression pour se conformer à des idéaux irréalistes, souvent source d'anxiété.

Encourager l'Activité Physique

L'activité physique régulière, en plus d'une alimentation saine, joue un rôle essentiel dans la gestion de l'anxiété. Encourager les enfants et les adolescents à trouver des formes d'exercice qu'ils apprécient peut améliorer leur humeur et réduire l'anxiété.

Activités Familiales : Participer à des activités physiques en famille, comme le vélo, la randonnée, ou des jeux extérieurs, peut renforcer les liens tout en promouvant la santé mentale et physique.

Limitation de l'Écran : Réduire le temps passé devant les écrans et encourager des activités plus actives peut aider à gérer les niveaux de stress et à améliorer le sommeil.

La Nutrition Comme Partie d'un Plan de Bien-être Holistique

Il est crucial de reconnaître que, bien que l'alimentation joue un rôle important dans la gestion de l'anxiété, elle doit être considérée comme une partie d'un plan de bien-être plus holistique. Cela inclut un sommeil adéquat, des relations sociales saines, du temps pour la relaxation et le loisir, ainsi qu'une gestion proactive du stress.

Approche Intégrée : Envisager l'alimentation dans le contexte plus large du bien-être de l'enfant, en s'assurant que tous les aspects de leur santé sont pris en charge.

Soutien Professionnel : Ne pas hésiter à solliciter l'aide de professionnels de la santé mentale ou de nutritionnistes spécialisés dans l'enfance et l'adolescence pour des conseils adaptés à des situations spécifiques.

Sensibilisation aux Signaux de l'Anxiété chez les Jeunes

Il est crucial pour les parents et les soignants de reconnaître les signes et symptômes de l'anxiété chez les enfants et les adolescents. Cela peut inclure des changements dans les habitudes alimentaires, des troubles du sommeil, une irritabilité accrue, ou un retrait des activités sociales et familiales. Une compréhension approfondie des manifestations de l'anxiété peut aider à intervenir de manière appropriée et à apporter le soutien nécessaire.

Création d'un Dialogue Ouvert sur l'Alimentation et les Émotions

Encourager un dialogue ouvert et sans jugement sur l'alimentation et les émotions peut aider les jeunes à se sentir en sécurité pour exprimer leurs inquiétudes, leurs préférences, et leurs défis. Cela peut être particulièrement utile pour démystifier certaines idées autour de l'alimentation et de l'anxiété et pour promouvoir une relation saine avec la nourriture.

Ateliers Familiaux : Organiser des ateliers ou des séances d'information en famille sur la nutrition et la santé mentale peut être un moyen engageant d'aborder ces sujets importants.

Importance de la Routine Alimentaire

Établir une routine alimentaire régulière peut fournir une structure rassurante pour les enfants et les adolescents. Les repas et les collations à heures fixes aident à réguler le métabolisme, contribuent à une meilleure régulation émotionnelle, et peuvent diminuer les sentiments d'anxiété liés à l'incertitude des repas.

Promouvoir l'Autonomie dans les Choix Alimentaires

Tout en guidant les jeunes vers des choix alimentaires sains, il est important de promouvoir leur autonomie et leur permettre de prendre part aux décisions alimentaires. Cela contribue à leur sentiment de contrôle et d'indépendance, renforçant leur confiance en leur capacité à faire des choix bénéfiques pour leur santé.

Choix Guidés : Fournir des options saines et laisser les enfants et les adolescents choisir parmi celles-ci pour les repas et les collations.

Encourager la Participation à la Préparation des Repas

La participation à la préparation des repas est une excellente manière d'enseigner aux jeunes l'importance d'une alimentation saine tout en leur permettant d'expérimenter et de découvrir de nouvelles saveurs et textures.

Cela peut aussi être un moment précieux de connexion familiale et un moyen de réduire l'anxiété par le biais d'activités collaboratives et créatives.

Gestion du Stress par des Moyens Alternatifs

Bien que l'alimentation soit un facteur clé dans la gestion de l'anxiété, il est important d'enseigner aux enfants et aux adolescents des méthodes alternatives de gestion du stress.

Cela peut inclure des techniques de respiration, la méditation, l'exercice physique, et les loisirs créatifs, offrant ainsi une boîte à outils diversifiée pour faire face aux moments difficiles.

Conclusion

Approfondir la compréhension de l'impact de l'alimentation sur l'anxiété chez les enfants et les adolescents souligne l'importance d'une approche intégrée et soutenue par la famille.

En adoptant des stratégies qui encouragent des habitudes alimentaires saines, en promouvant un dialogue ouvert, et en offrant un soutien émotionnel constant, les parents et les soignants peuvent jouer un rôle déterminant dans la gestion de l'anxiété chez les jeunes.

Cela crée un environnement où les enfants et les adolescents peuvent non seulement prospérer sur le plan nutritionnel mais aussi développer des compétences robustes pour la gestion de l'anxiété et le bien-être émotionnel à long terme.

Chapitre 25 : Les Défis de l'Alimentation Moderne

L'ère moderne, avec ses avancées technologiques et son accès sans précédent à une variété d'aliments, présente de nouveaux défis dans la quête d'une alimentation équilibrée et bénéfique pour la santé mentale.

Ce chapitre explore les obstacles rencontrés dans l'alimentation contemporaine, les implications de ces défis sur l'anxiété, et propose des stratégies pour naviguer dans le paysage alimentaire moderne tout en soutenant notre bien-être mental.

L'Abondance des Aliments Transformés

Le premier défi majeur de l'alimentation moderne est la prédominance des aliments transformés dans nos régimes. Ces aliments, souvent riches en sucres ajoutés, en graisses saturées, et en additifs chimiques, peuvent contribuer à l'inflammation corporelle, à des déséquilibres glycémiques, et à une augmentation de l'anxiété.

Stratégie de Navigation : Prioriser les aliments entiers et minimiser la consommation d'aliments hautement transformés. Rechercher des options moins transformées, même dans les catégories d'aliments de commodité, peut aider à maintenir une alimentation plus saine.

La Surcharge d'Informations Nutritionnelles

Avec l'accès à Internet et aux médias sociaux, nous sommes submergés d'informations nutritionnelles, souvent contradictoires. Cette surcharge d'informations peut créer de la confusion et de l'anxiété concernant les choix alimentaires.

Stratégie de Navigation : Se tourner vers des sources d'informations fiables et reconnues pour les conseils nutritionnels. Considérer la consultation d'un professionnel de la nutrition pour obtenir des conseils adaptés à vos besoins et à votre situation personnelle.

Le Marketing Alimentaire Trompeur

Les tactiques de marketing sophistiquées peuvent souvent déformer la réalité des produits alimentaires, mettant en avant des allégations de santé trompeuses ou exagérant les bienfaits de certains aliments ou suppléments.

Stratégie de Navigation : Apprendre à lire et à interpréter les étiquettes nutritionnelles de manière critique. Rechercher des informations sur les allégations de santé et ne pas se laisser influencer uniquement par le marketing.

La Disponibilité et l'Accessibilité

Dans de nombreuses régions, l'accès à des aliments frais et sains peut être limité, ce qui rend difficile le maintien d'une alimentation équilibrée. Les déserts alimentaires, où les options alimentaires saines sont rares ou coûteuses, posent un défi particulier.

Stratégie de Navigation : Explorer les marchés locaux, les programmes de paniers alimentaires, ou les jardins communautaires comme alternatives pour accéder à des aliments frais et abordables.

La planification des repas et la cuisine à domicile peuvent également aider à maximiser l'utilisation des aliments sains disponibles.

L'Impact Environnemental de nos Choix Alimentaires

La prise de conscience de l'impact environnemental de la production alimentaire s'accroît. Les choix alimentaires qui favorisent la durabilité, tels que la réduction de la consommation de viande et le choix d'aliments produits de manière éthique et durable, peuvent également soutenir la santé mentale en alignant nos actions avec nos valeurs environnementales.

Stratégie de Navigation : Intégrer des pratiques alimentaires durables, comme augmenter la consommation d'aliments à base de plantes, choisir des produits locaux et de saison, et réduire le gaspillage alimentaire.

Prioriser la Nutrition Holistique

Dans la quête d'une alimentation qui soutient la santé mentale, il est crucial de prendre en compte la nutrition de manière holistique. Cela signifie regarder au-delà des nutriments individuels pour comprendre comment les différentes composantes de notre alimentation interagissent pour influencer notre bien-être.

Stratégie de Navigation : Encourager une approche équilibrée de l'alimentation qui inclut une variété d'aliments nourrissants, en se concentrant sur la qualité globale de l'alimentation plutôt que sur des éléments spécifiques isolés.

L'Importance de la Flexibilité Alimentaire

Adopter une approche flexible de l'alimentation peut aider à réduire l'anxiété autour des choix alimentaires. Reconnaître qu'aucun aliment n'est intrinsèquement "bon" ou "mauvais" et qu'il y a de la place pour la variété et le plaisir dans une alimentation équilibrée est essentiel.

Stratégie de Navigation : Pratiquer la modération plutôt que la restriction. Intégrer occasionnellement des aliments réconfortants ou des friandises dans votre alimentation peut contribuer à une relation plus saine avec la nourriture.

Construire une Communauté de Soutien

L'alimentation est une expérience à la fois personnelle et partagée. S'entourer d'une communauté qui valorise une alimentation saine et soutient les efforts de chacun dans la gestion de l'anxiété peut offrir un encouragement et une motivation additionnels.

Stratégie de Navigation : Participer à des groupes de soutien, des ateliers de cuisine saine, ou des forums en ligne où vous pouvez échanger des idées, des recettes et des expériences avec d'autres personnes partageant les mêmes idées.

Gestion du Stress et Alimentation Consciente

Le stress joue un rôle significatif dans nos choix alimentaires et notre manière de manger. Pratiquer l'alimentation consciente, qui encourage une attention pleine et une appréciation de la nourriture, peut aider à atténuer les comportements alimentaires impulsifs ou émotionnels.

Stratégie de Navigation : Prendre le temps de manger sans distractions, en se concentrant sur les saveurs, les textures, et les sensations de la nourriture. Cela peut aider à reconnaître la satiété, à apprécier davantage les repas et à réduire la suralimentation.

Se Connecter avec la Source de Notre Nourriture

Dans un monde où la nourriture est souvent obtenue de manière anonyme, se reconnecter avec la source de notre nourriture peut enrichir notre expérience alimentaire et augmenter notre appréciation pour les aliments sains.

Stratégie de Navigation : Participer à des marchés de producteurs locaux, s'engager dans des programmes de CSA (agriculture soutenue par la communauté), ou même cultiver ses propres aliments peut renforcer le lien avec la nourriture et encourager des choix alimentaires plus conscients.

Éducation Continue et Développement Personnel

L'éducation continue sur les sujets de nutrition, de santé mentale et de bien-être général est fondamentale. Le monde de l'alimentation et de la nutrition évolue constamment, avec de nouvelles recherches éclairant régulièrement notre compréhension de la meilleure manière de nous nourrir.

Stratégie de Navigation : Consacrer du temps à l'apprentissage, que ce soit par la lecture, la participation à des ateliers ou des séminaires en ligne, ou en suivant des professionnels de la santé sur les réseaux sociaux, peut enrichir votre parcours alimentaire et vous fournir les outils nécessaires pour faire des choix éclairés.

L'Importance de la Bienveillance envers Soi

Dans la quête d'une alimentation qui soutient la santé mentale, la bienveillance envers soi-même est cruciale. Reconnaître que le perfectionnisme dans l'alimentation est non seulement irréaliste mais peut également être contre-productif est essentiel pour maintenir une relation saine avec la nourriture.

Stratégie de Navigation : Accueillir les erreurs ou les écarts par rapport à votre plan alimentaire avec compassion et voir chaque expérience comme une opportunité d'apprentissage. Cela peut aider à construire une relation plus positive et durable avec l'alimentation.

Soutien et Partage d'Expériences

Partager vos expériences et vos défis avec d'autres peut offrir du soutien et de l'inspiration. Les communautés, qu'elles soient en ligne ou dans la vie réelle, offrent des espaces précieux où les individus peuvent échanger des idées, des stratégies de réussite, et des encouragements mutuels.

Stratégie de Navigation : Rechercher des groupes de soutien ou des forums en ligne dédiés à l'alimentation saine, à la gestion de l'anxiété, ou à la santé mentale. Participer à ces communautés peut renforcer votre sentiment d'appartenance et fournir une source de motivation et d'encouragement.

Conclusion

Les défis de l'alimentation moderne, bien qu'importants, offrent également l'opportunité de réévaluer et de renforcer notre relation avec la nourriture.

En adoptant une approche équilibrée, en privilégiant la nutrition holistique, en pratiquant la flexibilité et la bienveillance envers soi, et en cherchant le soutien et l'éducation continue, nous pouvons naviguer dans ces défis de manière efficace.

Ces stratégies ne favorisent pas seulement une meilleure gestion de l'anxiété à travers l'alimentation mais contribuent également à un sentiment de bien-être et de satisfaction plus profonde dans notre vie quotidienne.

Ainsi, malgré les obstacles que l'ère moderne peut présenter, il reste possible de forger une voie vers une santé mentale et physique optimale, guidée par des choix alimentaires conscients et soutenus par une communauté de soutien.

Ce voyage, riche en découvertes et en croissance personnelle, nous rappelle l'importance fondamentale de nourrir notre corps et notre esprit avec soin et intention.

Chapitre 26 : La Durabilité dans l'Alimentation

Dans notre exploration des liens entre l'alimentation et la gestion de l'anxiété, un aspect crucial émerge : la durabilité.

Ce chapitre se penche sur l'importance de choisir des pratiques alimentaires non seulement bénéfiques pour notre santé mentale mais aussi respectueuses de notre planète. Il aborde la manière dont la durabilité dans nos choix alimentaires peut influencer positivement notre bien-être mental, tout en contribuant à la santé de l'environnement.

L'Impact Environnemental de Notre Alimentation

Notre alimentation a un impact profond sur l'environnement, des gaz à effet de serre produits par l'agriculture animale à la déforestation pour la culture du palmier à huile. Adopter une approche alimentaire durable peut aider à réduire notre empreinte écologique :

Réduction de la consommation de viande : La production de viande est l'une des principales sources d'émissions de gaz à effet de serre. Intégrer plus de repas végétariens et réduire la consommation de viande peut avoir un impact significatif.

Choix de produits locaux et de saison : Favoriser les aliments produits localement et ceux en saison réduit la distance parcourue par les aliments, diminuant ainsi les émissions de CO2.

Soutien à l'agriculture durable : Acheter des produits issus de l'agriculture biologique et durable soutient les pratiques qui préservent les ressources naturelles et la biodiversité.

Alimentation Durable et Bien-être Mental

L'adoption de pratiques alimentaires durables peut également avoir un impact positif sur notre bien-être mental :

Sens de l'agentivité : Prendre des décisions alimentaires conscientes peut renforcer notre sentiment de contrôle et d'agentivité, contribuant à une meilleure estime de soi et à un sentiment de but.

Connexion avec la nature : S'engager dans des pratiques alimentaires durables nous reconnecte avec la nature, améliorant notre bien-être émotionnel et réduisant l'anxiété.

Communauté et appartenance : Participer à des initiatives locales de nourriture durable peut renforcer le sentiment d'appartenance à une communauté, important pour la santé mentale.

Stratégies pour une Alimentation Plus Durable

Planification des repas : La planification aide à réduire le gaspillage alimentaire, un important contributeur au problème des déchets et à l'empreinte carbone de notre alimentation.

Compostage : Transformer les déchets alimentaires en compost réduit le volume de déchets envoyés aux décharges et fournit un enrichissement naturel pour le sol.

Cuisine zéro déchet : Adopter des pratiques de cuisine qui minimisent les déchets, comme utiliser toutes les parties des aliments et privilégier les emballages réutilisables ou recyclables.

Cultiver ou Participer à des Systèmes Alimentaires Locaux
L'implication directe dans les systèmes alimentaires locaux peut renforcer notre lien avec la nourriture que nous consommons, réduisant ainsi l'anxiété liée à l'incertitude des sources alimentaires et augmentant notre appréciation des aliments.

Jardins Communautaires et Urbains : Participer ou lancer un jardin communautaire peut fournir un accès direct à des aliments frais, tout en favorisant la cohésion sociale et le bien-être mental par le contact avec la terre et la nature.

AMAP et Paniers Bio : S'abonner à une AMAP (Association pour le Maintien d'une Agriculture Paysanne) ou à des paniers de produits biologiques locaux garantit un approvisionnement régulier en aliments frais, saisonniers et durables, soutenant ainsi les agriculteurs locaux et réduisant l'impact environnemental.

Éducation et Sensibilisation

Augmenter notre connaissance et notre conscience des enjeux alimentaires mondiaux et locaux nous équipe pour faire des choix plus éclairés et plus durables. Cela peut également aider à naviguer dans l'anxiété en fournissant un sentiment de contrôle et d'efficacité personnelle.

Ateliers et Cours : Participer à des ateliers sur l'alimentation durable, la permaculture, ou la nutrition peut élargir notre compréhension et encourager des changements pratiques dans nos habitudes alimentaires.

Documentaires et Lectures : S'informer sur les défis et solutions environnementaux liés à l'alimentation peut motiver et inspirer des pratiques plus durables au quotidien.

Soutien Émotionnel par le Biais de l'Alimentation Durable

L'acte de choisir consciemment des aliments durables peut également servir de pratique de mindfulness, réduisant l'anxiété en nous ancrant dans l'instant présent et en alignant nos actions avec nos valeurs.

Mindfulness Alimentaire : Pratiquer la pleine conscience en mangeant, en prenant le temps d'apprécier l'origine des aliments, leur préparation et leur goût, peut augmenter la satisfaction alimentaire et réduire l'anxiété.

Gratitude Alimentaire : Prendre un moment pour exprimer de la gratitude pour les aliments consommés, réfléchir à leur parcours de la terre à l'assiette, et reconnaître l'effort de ceux qui les ont produits peut renforcer un sentiment de connexion et de bien-être.

Action Communautaire et Plaidoyer

S'engager dans des actions communautaires ou dans le plaidoyer pour une alimentation et une agriculture durable peut offrir un sentiment d'empowerment et réduire les sentiments d'impuissance face aux défis environnementaux.

Initiatives Locales : Rejoindre ou initier des projets visant à promouvoir la durabilité alimentaire au sein de la communauté peut aider à construire un système de soutien, réduisant l'isolement et l'anxiété.

Plaidoyer : Participer à des campagnes de sensibilisation ou à des efforts de plaidoyer pour des politiques alimentaires durables renforce la voix collective en faveur du changement, favorisant un sentiment d'efficacité collective.

Conclusion

L'adoption d'une alimentation anti-anxiété durable est un parcours à la fois personnel et collectif vers un bien-être amélioré et une planète plus saine. En intégrant la durabilité dans nos choix alimentaires, nous ne nourrissons pas seulement notre corps de manière saine, mais nous contribuons également à la santé de notre environnement.

Ce faisant, nous découvrons que nos actions peuvent avoir un impact positif bien au-delà de notre assiette, offrant une source de satisfaction, d'empowerment et de réduction de l'anxiété. En poursuivant cet engagement envers une alimentation consciente et durable, nous forgeons un lien plus profond non seulement avec la nourriture que nous consommons mais aussi avec la communauté et le monde qui nous entourent.

Ce lien renforcé peut servir de puissant antidote à l'anxiété, nous rappelant que nos choix quotidiens en matière d'alimentation ont le potentiel de nourrir une vie plus saine pour nous-mêmes et pour la planète.

En fin de compte, le chemin vers une alimentation anti-anxiété durable est marqué par une série de décisions conscientes qui reflètent nos valeurs profondes envers le bien-être personnel et environnemental. Chaque petit choix, de privilégier les produits locaux et de saison à réduire notre consommation de produits d'origine animale, contribue à un ensemble plus vaste d'efforts visant à créer un avenir plus durable et résilient pour tous.

Cette démarche nous invite à considérer l'alimentation non seulement comme un moyen de satisfaire des besoins physiques ou de contrôler l'anxiété mais aussi comme une expression de notre engagement envers un mode de vie qui respecte et enrichit notre environnement. Elle nous encourage à reconnaître notre pouvoir en tant que consommateurs et citoyens de la planète, capables d'effectuer des changements positifs grâce à nos choix alimentaires.

Alors que nous continuons à naviguer dans les défis de l'alimentation moderne, la clé réside dans l'approche que nous choisissons d'adopter : une approche qui embrasse la complexité, valorise la durabilité et reconnaît l'interconnectivité de notre santé avec la santé de notre environnement.

En cultivant une conscience et une appréciation pour l'origine de notre nourriture, en soutenant les pratiques agricoles durables, et en prenant des décisions alimentaires qui favorisent la santé mentale et physique, nous pouvons tous contribuer à un mouvement global vers une alimentation plus consciente et un monde plus sain.

Ainsi, le chapitre de l'alimentation anti-anxiété durable se clôt non pas sur une fin, mais sur une invitation à poursuivre notre voyage avec espoir, curiosité et engagement. C'est un appel à agir avec intention, à soutenir les communautés et l'environnement qui nous nourrissent, et à célébrer la richesse que la Terre nous offre à travers chaque repas.

Ensemble, nous pouvons faire de l'alimentation une source de guérison, de connexion et de durabilité pour les générations à venir.

Chapitre 27 : Les Nouvelles Technologies

L'ère numérique dans laquelle nous vivons a révolutionné presque tous les aspects de notre vie, y compris notre manière de nous rapporter à l'alimentation. Ce chapitre explore l'impact des nouvelles technologies sur nos habitudes alimentaires, comment elles peuvent à la fois aggraver et améliorer notre anxiété liée à l'alimentation, et offre des stratégies pour naviguer dans ce paysage numérique de manière qui soutient notre bien-être mental.

L'Influence des Médias Sociaux sur l'Alimentation et l'Anxiété

Les réseaux sociaux sont devenus une source majeure d'information et d'inspiration pour nos choix alimentaires. Cependant, ils peuvent aussi être une source d'anxiété, en particulier quand nous sommes exposés à des images idéalisées de corps et d'aliments, ou à des régimes alimentaires et styles de vie apparemment "parfaits".

Stratégie de Navigation : Il est crucial de développer une conscience critique vis-à-vis des contenus que nous consommons en ligne. Chercher à suivre des comptes qui promeuvent une approche équilibrée et réaliste de l'alimentation peut aider à atténuer l'anxiété alimentaire.

Applications et Outils Numériques pour la Gestion Alimentaire

Diverses applications proposent des journaux alimentaires, des plans de repas, et des analyses nutritionnelles, offrant des moyens pratiques de suivre et d'optimiser notre alimentation. Bien utilisées, ces technologies peuvent soutenir nos objectifs de santé mentale.

Stratégie de Navigation : Sélectionnez des outils qui mettent l'accent sur la flexibilité alimentaire et le bien-être global plutôt que sur la restriction ou la perte de poids. Les applications qui encouragent l'écoute du corps et la pleine conscience alimentaire peuvent être particulièrement bénéfiques.

Impact des Plateformes de Livraison de Repas

Les services de livraison de repas à domicile offrent commodité et diversité, mais peuvent également encourager la surconsommation d'aliments peu nutritifs et la diminution de la cuisine maison, facteurs potentiellement anxiogènes.

Stratégie de Navigation : Utilisez ces services de manière judicieuse, en privilégiant les options plus saines et en les alternant avec des repas cuisinés à la maison pour maintenir un équilibre.

La Réalité Virtuelle et la Gestion de l'Anxiété Alimentaire

Les technologies de réalité virtuelle (VR) émergent comme des outils potentiels pour la gestion de l'anxiété, y compris l'anxiété alimentaire, en offrant des environnements immersifs pour la relaxation et la méditation.

Stratégie de Navigation : Explorer les programmes de VR conçus pour le bien-être mental peut offrir une nouvelle voie pour gérer l'anxiété, en complément des approches alimentaires et des changements de mode de vie.

Les Blogs et Forums en Ligne

Les communautés en ligne offrent un espace pour partager des expériences, des recettes, et des conseils sur l'alimentation et la santé mentale. Ces ressources peuvent être un soutien précieux, mais il est important de rester critique vis-à-vis de la qualité des informations.

Stratégie de Navigation : Recherchez des communautés qui valorisent les preuves scientifiques et une approche bienveillante de l'alimentation.

Évitez les forums qui promeuvent des régimes extrêmes ou qui ont une approche culpabilisante.

Éducation et Littératie Numérique

Une compréhension approfondie de la manière dont les médias sociaux et les plateformes numériques fonctionnent peut aider à naviguer dans le paysage en ligne avec une plus grande confiance et un esprit critique. Cela inclut la reconnaissance des stratégies de marketing et des biais potentiels derrière le contenu partagé en ligne.

Stratégie de Navigation : Participer à des ateliers ou des webinaires sur la littératie numérique peut fournir les outils nécessaires pour évaluer de manière critique les informations trouvées en ligne, en particulier celles liées à la santé et à l'alimentation.

Fixation de Limites Saines

L'exposition constante aux flux d'informations en ligne peut être écrasante et contribuer à l'anxiété. Fixer des limites saines concernant le temps passé sur les médias sociaux et les plateformes numériques est crucial pour notre bien-être mental.

Stratégie de Navigation : Définir des périodes spécifiques durant la journée pour consulter les médias sociaux et s'en tenir à ces limites peut aider à réduire le surmenage numérique et à favoriser une plus grande présence dans la vie réelle.

Sélection Consciente des Sources d'Information

Avec l'abondance d'informations disponibles, choisir consciemment des sources fiables et respectées pour les conseils nutritionnels et de bien-être est essentiel. Cela aide à éviter la désinformation et à bâtir une base de connaissances solide sur laquelle fonder nos choix alimentaires.

Stratégie de Navigation : Rechercher des sources qui s'appuient sur des recherches scientifiques et qui sont reconnues par des experts dans le domaine de la nutrition et de la psychologie. Cela peut inclure des institutions académiques, des organisations professionnelles et des praticiens certifiés.

Utilisation Positive des Technologies

Les technologies numériques offrent des opportunités uniques pour améliorer notre santé et notre bien-être, de applications de suivi de l'alimentation et de l'exercice aux plateformes de méditation et de gestion du stress.

Stratégie de Navigation : Explorer les applications et les outils en ligne qui promeuvent une approche positive de la santé et du bien-être, en se concentrant sur ceux qui encouragent les habitudes saines, la pleine conscience, et le soutien émotionnel.

Cultiver des Communautés de Soutien

Les réseaux sociaux et les forums en ligne peuvent servir de puissants moyens de connexion et de soutien, permettant de partager des expériences, des défis et des succès avec des personnes qui ont des intérêts et des objectifs similaires.

Stratégie de Navigation : Rejoindre des groupes en ligne axés sur l'alimentation saine, la gestion de l'anxiété, ou le bien-être global peut fournir un sentiment d'appartenance et un réseau de soutien pour naviguer dans les défis liés à l'alimentation et à la santé mentale.

Conclusion

L'intégration des nouvelles technologies dans notre parcours alimentaire et de gestion de l'anxiété offre à la fois des défis et des opportunités.

En adoptant une approche intentionnelle et critique, en fixant des limites saines, et en utilisant ces outils de manière à soutenir nos objectifs de bien-être, nous pouvons tirer parti du meilleur de ce que l'ère numérique a à offrir.

Cela nécessite une vigilance constante et un engagement envers l'apprentissage et l'adaptation, mais avec les bonnes stratégies en place, les technologies numériques peuvent devenir des alliés précieux dans notre quête d'une meilleure santé mentale et d'une vie équilibrée.

Chapitre 28 : Vers une culture alimentaire

Dans la quête d'une vie équilibrée et épanouissante, l'alimentation joue un rôle pivot non seulement pour notre santé physique mais également pour notre bien-être mental.

Ce chapitre s'oriente vers la création d'une culture alimentaire qui valorise et promeut activement la santé mentale. Une telle culture alimentaire reconnaît les profonds liens entre ce que nous mangeons, comment nous nous alimentons, et notre état psychologique général.

Repenser notre Relation avec la Nourriture

La première étape vers une culture alimentaire bienveillante envers la santé mentale est de reconsidérer notre relation individuelle et collective avec la nourriture.

Cela signifie transcender la vision de l'alimentation comme une simple source de plaisir ou un moyen de contrôle du poids, pour la voir comme un pilier central de notre santé globale, incluant notre bien-être mental.

Conscience et Pleine Conscience : Intégrer la pleine conscience dans nos habitudes alimentaires peut nous aider à écouter notre corps, à reconnaître nos signaux de faim et de satiété, et à trouver un plus grand plaisir dans nos repas sans céder aux excès.

Éducation Alimentaire : Promouvoir une éducation alimentaire qui met l'accent sur la nutrition, la préparation des repas, et l'impact de l'alimentation sur la santé mentale dès le plus jeune âge est crucial pour former des individus capables de faire des choix alimentaires éclairés et bienveillants.

Soutenir les Systèmes Alimentaires Durables

Une culture alimentaire qui promeut la santé mentale doit également reconnaître l'importance de la durabilité et de l'éthique dans la production et la consommation alimentaire. Cela signifie soutenir les systèmes alimentaires qui non seulement respectent l'environnement mais qui aussi offrent des produits nutritifs qui soutiennent la santé mentale.

Consommation Locale et de Saison : Favoriser les aliments locaux et de saison peut réduire l'empreinte carbone de notre alimentation tout en fournissant des nutriments plus frais et plus abondants.

Agriculture Biologique et Éthique : Soutenir les pratiques agricoles qui minimisent l'utilisation de pesticides et qui traitent équitablement les travailleurs agricoles contribue à une alimentation plus saine pour l'individu et la planète.

Cultiver des Communautés Autour de l'Alimentation

La nourriture a toujours été un moyen de créer des liens entre les individus. Renforcer ces liens peut avoir un impact positif sur notre santé mentale, en nous fournissant un sentiment d'appartenance et de soutien.

Repas en Communauté : Encourager les repas partagés, que ce soit en famille, avec des amis, ou au sein de la communauté, peut améliorer la qualité de nos interactions sociales et réduire les sentiments de solitude et d'isolement.

Initiatives Alimentaires Communautaires : Participer ou lancer des initiatives qui favorisent l'accès à une alimentation saine pour tous, comme les jardins communautaires ou les programmes d'alimentation scolaire, renforce le tissu social et soutient le bien-être collectif.

Encourager la Flexibilité et la Bienveillance

Adopter une approche flexible et bienveillante envers l'alimentation signifie reconnaître que la perfection n'est pas l'objectif et que chaque individu a des besoins et des préférences uniques. Cela implique de trouver un équilibre qui respecte notre corps et notre esprit, sans culpabilité ni jugement.

Écoute du Corps : Apprendre à écouter et respecter les besoins de notre corps plutôt que de suivre des régimes restrictifs ou des tendances alimentaires peut mener à une meilleure santé mentale.

Bienveillance envers Soi : Se traiter avec compassion, y compris dans nos choix alimentaires, est essentiel pour maintenir une relation saine avec la nourriture et par extension, avec nous-mêmes.

Valorisation de la Diversité Alimentaire

La diversité alimentaire n'est pas seulement une question de nutrition ; elle reflète aussi une ouverture et une acceptation de différentes cultures et traditions. En explorant et en intégrant une variété d'aliments de différentes parties du monde, nous enrichissons non seulement notre palette mais aussi notre compréhension et notre appréciation des diverses manières de vivre et de manger.

Cette approche peut contribuer à réduire les préjugés et à augmenter le sentiment d'unité et d'appartenance, éléments clés pour le bien-être mental.

Éducation Multiculturelle : Les programmes éducatifs qui incluent des composantes sur les pratiques alimentaires mondiales et leur lien avec la santé peuvent ouvrir les esprits et encourager une appréciation plus large de la nourriture.

Promotion de la Santé Mentale dans le Discours sur l'Alimentation

Le discours public et médiatique sur l'alimentation se concentre souvent sur l'aspect physique, négligeant l'impact significatif de l'alimentation sur la santé mentale. Il est essentiel de changer cette narration pour intégrer et souligner l'importance de l'alimentation dans le maintien de la santé mentale.

Communication Positive : Les médias et les plateformes d'éducation doivent s'efforcer de présenter une image équilibrée de l'alimentation, mettant en avant les bénéfices de manger sainement sur le bien-être mental, sans tomber dans la stigmatisation ou la promotion de régimes restrictifs.

Soutien aux Personnes en Difficulté

Reconnaître que l'accès à une alimentation saine peut être un défi pour certaines personnes est crucial dans la création d'une culture alimentaire inclusive. Les politiques publiques et les initiatives communautaires doivent s'attaquer à ces obstacles, en fournissant un soutien aux personnes en situation de précarité alimentaire ou avec des troubles alimentaires.

Programmes d'Aide Alimentaire : Les programmes qui fournissent un accès à des aliments sains pour les populations à faible revenu ou vulnérables peuvent avoir un impact direct sur la santé mentale de ces groupes.

Soutien aux Troubles Alimentaires : La disponibilité de ressources et de soutien pour ceux qui luttent contre des troubles alimentaires est fondamentale. Ceci inclut l'accès à des professionnels qualifiés et à des communautés de soutien qui peuvent offrir un espace sûr pour la guérison.

Conclusion

La culture alimentaire qui promeut la santé mentale est une vision holistique qui embrasse la diversité, l'inclusion, la durabilité et la bienveillance.

En faisant des choix alimentaires qui respectent à la fois notre corps et notre planète, et en soutenant les autres dans leur propre parcours, nous pouvons contribuer à un futur où la nourriture est une source de joie, de connexion et de bien-être mental pour tous.

Transformer notre culture alimentaire demande un effort collectif - des individus, des communautés, des organisations et des gouvernements - pour créer des environnements qui soutiennent les choix sains pour le corps et l'esprit.

Ensemble, nous pouvons avancer vers un monde où l'alimentation et la santé mentale sont intrinsèquement liées, reconnaissant que prendre soin de l'une est essentiel pour prendre soin de l'autre.

Chapitre 29 : Conclusion : L'équilibre retrouvé

Dans ce voyage à travers les liens intrinsèques entre l'alimentation et la gestion de l'anxiété, nous avons exploré diverses perspectives, stratégies et connaissances qui nous aident à comprendre comment nos choix alimentaires influencent notre bien-être mental.

Ce chapitre final vise à encapsuler les enseignements tirés et à esquisser une vision holistique pour avancer vers un équilibre retrouvé et un chemin durable vers le bien-être.

L'Alimentation Comme Fondation du Bien-être

Notre exploration a révélé que l'alimentation est bien plus qu'une simple source de nutriments ; c'est une fondation essentielle pour notre santé physique et mentale.

Les choix alimentaires conscients peuvent non seulement nourrir notre corps mais aussi apaiser notre esprit, en atténuant l'anxiété et en favorisant un sentiment de bien-être général.

Nutrition et Santé Mentale : Nous avons découvert l'importance cruciale de nutriments spécifiques, comme les oméga-3, les vitamines B, et les antioxydants, dans la régulation de notre humeur et la prévention de l'anxiété.

Intégrer ces nutriments à travers une alimentation équilibrée et variée est une étape clé vers le rétablissement de l'équilibre mental.

La Pleine Conscience et la Connexion

La pleine conscience dans nos habitudes alimentaires émerge comme un élément transformateur, nous invitant à établir une connexion plus profonde avec la nourriture, avec nos sensations corporelles de faim et de satiété, et avec les moments que nous partageons autour des repas. Cette approche consciente encourage non seulement une meilleure digestion et satisfaction mais contribue également à réduire l'anxiété liée à l'alimentation et au poids.

Pratiques de Pleine Conscience : Adopter des pratiques de pleine conscience peut aider à reconnaître et à apprécier la qualité, la saveur et le plaisir de nos aliments, transformant chaque repas en une expérience enrichissante et apaisante.

L'Impact de la Durabilité

La considération de la durabilité dans nos choix alimentaires nous rappelle notre interdépendance avec la nature et notre responsabilité envers notre planète. En choisissant des aliments produits de manière éthique et durable, nous contribuons non seulement à la santé de notre environnement mais aussi à notre propre bien-être mental, en vivant en accord avec nos valeurs.

Choix Alimentaires Durables : Prioriser les aliments locaux, saisonniers et issus de l'agriculture durable peut renforcer notre sentiment d'agentivité et notre connexion à la communauté et à l'environnement.

Cultiver la Communauté et le Soutien

La nourriture a le pouvoir unique de rassembler les gens, offrant des occasions de partager, de se connecter et de se soutenir mutuellement. Reconnaître l'importance des repas partagés et des traditions alimentaires peut renforcer nos liens sociaux et réduire les sentiments d'isolement et d'anxiété.

Alimentation et Socialisation : Encourager les repas en famille ou entre amis et participer à des initiatives alimentaires communautaires peut être un puissant antidote à l'anxiété et une source de joie et de soutien.

Vers un Équilibre Retrouvé

En conclusion, retrouver l'équilibre dans notre relation avec l'alimentation et par extension, dans notre bien-être mental, exige une approche holistique qui intègre la nutrition, la pleine conscience, la durabilité, et la communauté. Ce chemin vers le bien-être est personnel et unique pour chacun, mais il est aussi universel dans son appel à une connexion plus profonde avec nous-mêmes, avec les autres, et avec le monde qui nous entoure.

L'équilibre retrouvé n'est pas une destination finale mais un processus continu d'apprentissage, d'adaptation et de croissance. En embrassant les principes explorés dans ce livre, nous pouvons naviguer ce processus avec grâce et intention, ouvrant la voie à une vie marquée par une plus grande paix intérieure, une santé robuste, et un profond sentiment de satisfaction.

Chaque pas que nous prenons sur ce chemin est une célébration de notre engagement envers notre bien-être et celui de la planète. En faisant des choix alimentaires qui nourrissent à la fois notre corps et notre esprit, nous posons les fondations d'une vie équilibrée, enrichie par une profonde compréhension de l'impact de notre alimentation sur notre état mental.

La clé pour avancer vers cet équilibre retrouvé réside dans notre capacité à rester ouverts, curieux et flexibles dans notre approche de l'alimentation. Il s'agit de reconnaître que le bien-être est une mosaïque complexe, où chaque pièce, qu'il s'agisse de ce que nous mangeons, de la manière dont nous mangeons, ou des valeurs qui guident nos choix alimentaires, joue un rôle essentiel.

Il est également important d'accepter que le chemin vers le bien-être soit jalonné de défis et d'obstacles. Les moments de doute, les rechutes dans des habitudes moins saines, ou les périodes de stress intense font partie intégrante de ce voyage.

Cependant, c'est dans notre réponse à ces défis, dans notre capacité à nous relever, à apprendre de nos expériences, et à continuer à avancer, que réside notre plus grande force.

La construction d'une culture alimentaire qui favorise la santé mentale est non seulement un effort personnel mais aussi un projet collectif. Cela demande une action et un engagement au niveau communautaire, national et même mondial.

Il s'agit d'éduquer, de partager des connaissances, de remettre en question les systèmes établis et de travailler ensemble vers un avenir où l'alimentation est reconnue comme un pilier central du bien-être mental.

En fin de compte, "L'Équilibre Retrouvé" est un appel à l'action. C'est une invitation à chacun de nous à prendre en main notre santé mentale à travers nos choix alimentaires, à approfondir notre connexion avec notre nourriture, nos communautés et notre environnement, et à célébrer la nourriture non seulement comme une source de vie mais aussi comme une source de joie, de guérison et de bien-être.

Alors que nous tournons la dernière page de ce livre, que ce ne soit pas la fin de notre exploration. Au contraire, que cela marque le début d'un engagement renouvelé envers nous-mêmes et envers le monde qui nous entoure, un engagement à vivre consciemment, à choisir avec soin, et à aimer généreusement.

Ensemble, pas à pas, nous pouvons retrouver l'équilibre, nourrir notre bien-être, et ouvrir la voie à une vie pleine de santé, de bonheur et d'harmonie.